クマさんの女心と仕事心ー
W・HEART

大倉 佳子
Yoshiko Okura

文芸社

目次

クマさんのひとりごと

女心と仕事心のバランスとれていますか？

平成28年7月、私ことクマさんは34年余り勤務した国家公務員という職を辞して今ここにいます。国家公務員と言えば、世間一般的にはリストラのない安定した、「超」とは言えませんが「優良企業」な職場と認知されているところです。この優良な職場は、給与面では民間上場企業とは差があるものの、これも世間一般的には、若い頃は本当に安い給与ですが年を重ねていけば、そこそこ「いいお給料」と言われる金額がもらえ、そして、年2回のボーナス時期では、「今年の公務員のボーナスは、平均何十万円です」と報道されるような場所にいました。実際に初任給は明細を一般企業と比べたら、残念としか言えない金額でうなだれてしまいますが。

　国家公務員を辞めてから2年の月日が経過し、今だからこそ、女心―WOMENS HEART―と、仕事心―WORKING HEART―という二つの心（私は「W・HEART」と表現したい）についての思いを文字で表現したいと思いました。

ちょっと寄り道をしましょう。私が国家公務員を辞めるといった行動をとった時の周りの反応は、「なんで辞めるの」「今じゃないといけないの」「不満があるの」などと上司・先輩・同期・後輩など色々な人から言われました。私自身、今この時に「辞める」という選択をしたのは、様々な思いが絡まりあった中でのタイミングの一言につきます。この機会でなかったら、きっと通常の定年とされる60歳まで勤務し続け、いい具合に年金支給開始までのつなぎとして、お給料を頂いていたと思います。今が辞める時だと思ったから、辞めたとしか言いようはありません。

そこには、私の思いと、勤め続けた場合の自身の居場所（役職ともいえるのか）、プライド（心の色は黒）、やりたいこと（理想＝心の色は白）が混濁していた中、自身の仕事に向き合う心と私の心という部分の差が大きくなるばかりの状況下での踏み切りでした。

格好良く言えば、仕事の面白みと役職への思いや、つきあい方といったバランスが私自身の中で折り合いをつけることが年々難しくなり、積み重なったピースのバランスが崩れ、もう一度バランスをとることができなくなったから辞めたということです。

それまでの自分を思い返すと、私は高校卒業で受験することができる「国家公務員

Ⅲ種（税務）」の試験において、女性が受験可能となった昭和56年に受験して合格し、女性一期生（Ⅲ種の税務職）として入局しました。

当時、国税と言えば堅い響きの職種で、子供が学校に通う頃になると、「フルタイムで働いていますよね。お仕事は？」といった、ママ達からの問いかけに、「税務署です」とオープンに言うことができませんでした。別に言ったからといって、どうこうなるものではないとは知っていますが、何故でしょう。「会社員です」とか、一歩踏み込んでも「公務員です」と答えていた自分がいました。税務調査という仕事に携わっていた頃は、出張も多いことから「外交員です」と答えていた時代もありました。外交員の方ごめんなさい。

「どこに勤めているの？」と聞かれた時、職業が種々ある中において、世間一般的に良い印象はなく、敬遠されている職業と自身が勝手に思い込んでいるのが、税務署や警察ではないかと私は思っています。こんなにも大勢の職員がいるのに、ご近所や学校などの父母会の情報交換網で、周りのお母さんやお父さんで「税務署で働いています」なんて言われたことはありますか。たぶん、「警察官です」はあると思います。

警察はとても大変な仕事という印象が勝っていて、ゆえに敬遠される仕事ですが、嫌われる域には達していないと思います。税務署の仕事の内容のことは、またあとで書くことにします。

さて、税務署の中では、私が受験した昭和56年の税務職試験や前年の昭和55年の国税専門官試験において女性を受験可能としたということは、それ以前は、受験資格において同じ高校や同じ大学を卒業しても、男性しか受験できなかったということです。もちろん、昭和56年以前の税務署にも女性職員はいたのですが、何をしていたかというと、国家公務員Ⅲ種採用の一般職として採用された女性職員が勤務しており、一般的な会社でいう秘書や総務の事務的な業務についていていました。

そして、私が受験することができた年を境に女性職員が、税務調査や滞納額の徴収事務など、ザ・税務への本流へ女性の進出の一歩を踏み出したのです。とは言っても、変化というものは、受験を可能にして採用したからといって一気に進むものではないことはどの社会でも同じだと思います。

税法を学ぶ場所（税務大学校）に席を同じくして男女がいるということは、共学の学校から来た同期にとっては普通のことですが、一期上の者の世界は、この同じ学びの場に、学ランの男子しかいなかったことから、教えてくださる諸講師陣の視界の変化と戸惑いがあったことは推察されます。かつ、女性が入ったことから、一年余りの研修期間に居所となる学生寮内部は、当然、男子寮スペースと女子寮スペースを厚い壁で縦に仕切ることとなり、お風呂場（シャワー完備）やトイレも女性専用が設けられるなど、改修されたと聞きました。当事者である私たちは、お試し品的な部分もある中で、それなりに過ごしていたと思います。先輩達からは「女性がいるってどんな感じ?」とか「いいよなあ」とか色々言われていたみたいですけどね。

それにしても、国の採用機関であっても、女性採用が昭和56（1981）年からということは、まだ40年にも満たず、とても歴史を振り返るなんて言えない年月です。

ところで、「男女共同参画社会」って読めますか? 私は、偉い人の前でこの言葉が入っている書面を読まなければならなかった時がありました。その時「参画」を「さんかく」と言えずに「さんか」と再三読み続け、あとの反省会で訂正されたことがありました。

女性絡みの法施行を見ると、昭和61（1986）年に男女雇用機会均等法の施行、平成4（1992）年の育児休業法施行、平成11（1999）年の男女共同参画社会基本法成立となっています。

思えば税務署で数年勤務したあと、「すいあげ」と呼ばれていた独身女性の国税庁や国税局への人事異動がパターン化していた頃、「女性は22時過ぎての残業はだめ。帰りなさい」と上司に言われていました。男性はもちろん残業している中、書類を片付け「お先に失礼します」と帰路についていたのは、まだすべてにおいて平等にはなっていなかったからなのですね。その当時は、男女に関する法律など興味もなく、私は甘かったし、若かったのです。

私が当時いた課は、15人の職員中女性は私一人という状態で、朝は大量のグラスや湯飲み茶碗などの洗い物をしていました。税務署の前線部隊から人事異動で配置された部署は全くの別の所で、税務署での税法を使っての納税者との対応や調査といった実務は使うこともなく、税務職採用ではなく、昭和56年採用の秘書的役割の濃い、その場に溶け込んでいる女性職員と共存するといった当時の部署であったこともあり、居場所確保が難しく、早く帰りたいという気持ちが先行し、残業後はやっと帰れるとばかりに庁舎を飛び出していました。

さて、法律面という固い話を少ししたいと思います。日本国憲法は、第14条で「国民は男女の性別によって差別されない」という法の下の平等を明記しています。そして、男女平等を目指す方向付けとして、雇用機会均等法によって雇用（募集・採用・昇進など）に関する男女間差別を禁止することとし、男女共同参画社会基本法によって、社会活動全般に関して男女平等の立場で、家庭と仕事の両立ができる社会を目指すための法律として、政府や自治体にそれを実現するための責務を求めています。

男女共同参画社会の形成の促進においては、平成27年12月25日に行われた、第4次男女共同参画社会基本計画で、厚生労働省が中心となり、女性の活躍や格差解消、そして、女性の未来の形としての役職への登用という表現として、「2020年までに、指導的地位に女性が占める割合を30％程度になるよう期待する」という目標が、閣議決定されています。

法律としては、スマートに作られており、第2条には「男女が、社会の対等な構成員として、自らの意思によって社会のあらゆる分野における活動に参画する機会が確保され、もって男女が均等に政治的、経済的、社会的及び文化的利益を享受することができ、かつ、共に責任を担うべき社会」としています。内閣府男女共同参画局のホームページを拝見すると「男性も女性も、意欲に応じて、あらゆる分野で活躍できる社会」を掲げ、「職場に活気」「家庭生活の充実」「地域力の向上」を充実させることで、「ひとりひとりの豊かな人生」に繋がるとシミュレーションされています。成立から約20年、女性の役職者的・指導者的地位という目に見えやすい目標は進んでいますし、図柄として見えてきた気がします。

私の旧姓には「熊」という字がありました。幼い頃から、この字が含まれているとあだ名で呼ばれる時は「くまちゃん」「くま」「くまさん」というのが定番でした。

ということで、本書は私ことクマさんの心のひとりごとです。

女心

1 見た目

女心としては、年齢に左右されることなく、誰もがいつまでも綺麗でいたい、若々しくいたいという思いは当然にあります。「綺麗」という基準は、人それぞれでしょうが、「年相応でいい」「自然のままでいい」と言いながら、実年齢より少しでも若く見られたなら（ここで難しいのは1歳くらい下に見られた時は、若く見られたうちに入らなくて喜べず、5歳くらい若く見られたなら、喜んでしまうこの気持ち）嬉しいと思って自然に表情が緩み、なんとはなしにニヤついてしまい、気分もモチベーションも周りへの寛容さも上がるのが普通の女心です。目じりのしわもほうれい線も、生きてきた証であることは間違いありませんが、目じりのしわが1本でも少なく、ほうれい線の深さがなるべく浅く、目立つことなくあってほしいとする心が、化粧品の進化と購買力に繋がっていることは現実なのでしょう。

心の中にある美意識というものについて、女心はどうでしょうか。美意識とは、いつまでも綺麗でいたいとか、同性異性に関係なく素敵に思われたいといったものであると認識しています。綺麗と言うと、初対面であるほどに外見の比重が大きく占めていますが、素敵と言うと、内面や一連の所作、動きに比重がシフトしてきます。

そして、よく言われる女子力とは何なのでしょうか。現代の女性に求められていることは、とても大きく、しかも様々な方向に向かって女子力の矢印が出ているような気がします。反面、「ここだけは譲れない」といったピンポイントの場合もあります。これだけ多くの女性がにぎやかに社会にいるからこそ、それぞれに向けられた矢印の女子力に乗っていいのでしょう。

女性を見る時、関わっていく時のポイントとして、「人は外見で判断せず、内面を見ろ」と言いますが、やはり、第一印象は外せない重要なポイントです。誰しも見た目から入っていくものだと思います。実力を見てほしいというのは正論ですが、初対面の時に「実力は申し分ない」とか、「性格がいい」「対外的交渉力がある」など、一目で理解するのは特殊能力が備わっていない限り無理があります。こう言う私も、34年間の税務という特殊に見られる組織で、しかも、毎年の人事異動である転勤により、否応なく人も場所も変わる環境の中で、「今度来る人」として、向こうには仕事ができる的な情報は先んじて伝わっているとはいえ、現れた瞬間に察知するのは見た目、外見であったことでしょう。

きれいごとを言っても無駄。男女問わずそこは「かっこいい」「スタイルいいね」「色黒い」「美人」「化粧が濃い」「背が高い」「小さくて可愛い」などの外的情報が最初にインプットされ、これと自身の受け入れ可能な関心度合いが、心情として、あるいは趣味嗜好としての許容範囲の中で第2次の振り分けが行われるのです。そして、外部から与えられる人的情報が時間の経過の中でプラスされて、馬が合うとか、一緒に仕事しやすい、しにくいといった仕事上の流れに乗れるのです。

さて、女性の外見が、皆八頭身で、目鼻立ちが整っているということはありえません。漫画の2次元の世界のように、キラキラ、ウルウルとしている瞳が顔の3分の1を占め、足は細く長く体の3分の2を占めるような女性はなかなかいません。

女性は、誰しも一人2つ以上のコンプレックスを抱えています。会社という社会にいれば、お化粧をし、身ぎれいにして武装をします。その中でも、制服がある会社はさておき、今の社会では制服も会社の経費であり、女性は制服があるのに男性にはないからスーツを買わなければいけないという、ちょっとした不平等感から、以前は女性の制服があった会社も、今は経費削減のため制服がなくなっているところが多くなっているのではないでしょうか。ということは、会社に行って1日仕事をする洋服は、自分で決めて、一人ひとりが違うものを身にまとい、見た目の判断基準を高くする大切なものになります。

男性の場合、サラリーマンの制服としては、スーツが一番多いでしょう。男性のスーツは（クールビズの季節を除き）ネクタイを変えれば、2日間くらい同じスーツを着ていようが、特に何も言われないし、気付かれる確率も低いです。しかし、これが女性となると、2日間同じものを着ると何となく目で刺され、面と向かわずともこっそり噂話のネタにされることもあります。女性の毎日の洋服チェンジは基本であるからこそ、大変なことなのです。

「TPOをわきまえて」と言われますが、そもそも「TPO」とは、Time（時間）、Place（場所）、Occasion（場合）の頭文字を取って、「時と場所に応じた方法、態度、服装等の使い分け」を意味する言葉です。自身が立つ職場の中の仕事着としてふさわしいか否か。やはり、最終的には自己中心的な見方や好みを入れつつも、第三者的な見え方に重きを置くバランス感覚が大切だと考えます。それは、お化粧の仕方や服装が、スーツ路線の空間なのか、カジュアル路線の空間なのか、それぞれの空間にマッチして何をどう身につけるか、その見せ方がポイントとなってくると思います。

仕事空間にあっては、男女共存している場所が多いです。私自身の服装のこだわりとしては、次のようなことを決めていました。

①2日間同じものは着ない

例えば、スーツの場合、カラーを変えます。私は、ブラック・グレー・ネイビーの中でのローテーションで着ていました。スーツの中でもブラックスーツ＝就活カラーなので、誰もがそれなりにきちんと感を出しつつ格好がつく万能スーツです。だからこそ、社会人となってからは、見た目にそつがないからといって、ブラックスーツのローテーションでは、毎日同じスーツを着ている女性と判断されてしまいます。襟元のこだわり、ステッチやボタンの形状・大きさなどは、一目で違うと認識されないことが多いです。

②よれっとしたものは着ない

これは、ジャケットの背中のしわが目立ったり（クリーニング行き）、センタープレスがない、または、プレスラインが2本以上入っているパンツであったりとか、前日の飲み会のアルコール臭が少なからずあるものなど、私の感覚の中ではよれっとしたものに分類されるものは着ないということです。朝は、気持ち的にもシャキッとしたいので、対外的要因で付いた臭いのものを着たのでは、気持ちがシャキッとはできません。臭いは、第三者のほうが敏感に気付き、「あっ」と思われるマイナス要因です。

③襟元はスッキリと見せる

だからといって、胸元がどーんと開きすぎてもいけません。ちょっとした資料をデスク上に広げて前かがみで話すシチュエーションでも、胸元から下着や生バストが見えることはやめたいものです。男性陣の目の保養を優先にするのではなく、仕事空間では、いつ誰に会っても、一定レベルの好印象とすっきりとした立ち位置を優先にし、エロっぽさを演出したい女性はオフに存分に追求していただければと思う次第です。

3つほど書いてみましたが、私の中ではそれ以外にも色々細かい部分でのこだわりもありました。その1つとして、雨の日のパンツスーツはNGでした。これは単に、裾が濡れることで1日中気持ち悪く、気分がアップしないということからで、皆がそうだとは思っていません。仕事＝パンツスーツと決めている人はそれでいいと思います。ただ、会社側の上役が仕事にはパンツスタイルと決めつけて指示を出すのは、賛成できません。

そんな社会人ファッションの中では、近年雑誌のきれいめコーデが流行しています。その中で夏のクールビズだからといって、ラフな白無地Tシャツやカーゴパンツなどを身にまとい、クール（＝涼しさだけを求めた）であることのみを前面に出したファッションの女性が広がっているように思います。それぞれの業界内でのファッション事情にもよりますが、ちょっと違いますよ、と言いたいのは、私だけでしょうか。

スーツでなければダメなのではないのです。外に出て対外的な対応をしない内勤という傘の下で、Tシャツ系の部屋着感覚はどうかと言いたいのです。現代社会の個人情報保護という強固な名目を盾にパーテーションやブースの壁に隠された仕事環境では、人に見られて仕事をする緊張感が排除された結果からの緩みが大きくなったためと思います。ブランドモデルではない私たちは、楽な服の「楽」をはき違えてしまっているのではないでしょうか。

あくまでも仕事空間の中にあっては、仕事着と部屋着の区別は必要だと思うのです。オフィススタイルのTシャツやカットソーとして、下着が透けて見えるもの（ホワイトシャツの下から、ピンクブラというのも意外と目立つもの）だったり、下着もファッションの一部として見せるタイプのトップスだったり、体や下着のラインがぱっちり見えるパツパツのものは避けるべきでしょう。

だからといって、大きすぎ長すぎは逆にだらしなく、ひと回り大きく見えて損です。「首」と付く部分、「首」「手首」「足首」を見せると、華奢で女らしくなるとか。だからといって見えすぎは逆効果で、エロくなるか、子供っぽくなるかだと思います。女性として誰もが望むスマートでスリムに見せたいという女心から離れてしまうので、少しの余裕を持ちつつ、襟元がしっかりと縫製してあるもの、少し光沢を持ったしっかりした生地感などからセレクトするのも手だと思います。

そして、面倒でも必ず試着してから買いましょう。私自身は、ジャケット以外のシャツやカットソーといった上物の試着が苦手というか面倒で、40代までは、鏡の前でちょっと当てるだけで買っていました。

ある時、身長が高いと腕も長くなるので、袖丈が気になって試着してみたところ、袖丈よりほかの部分で何か変という感覚を持ったことがきっかけで、それ以来、できるだけ試着しようと頑張ることになりました。身長が167・5センチあると、フリーサイズと表示されているのだから大丈夫という思い込みと、お店側の「大丈夫ですね。お似合いですね。お客様」という言葉があっても、試着してみなければわからないものです。

よって、基本的に通販は苦手です。そんな経験から、お気に入りになったものに出合った時は、シンプルであるほど、色違いで購入しています。かつ、定番品で、毎シーズン出てくるものは、試着せずに買うことができるので、嬉しく、買い替えや買い足しをしています。

私は、色としては、定番中の定番ばかりを好み、挑戦的でないと言われるかもしれませんが、ネイビー、ブラック、ホワイト、そしてときどきトマトレッドやロイヤルブルー系の元気カラーをチョイスするのが好きです。ただ、いかんせん税務という男性のほうが多い職場の中では、ダークトーンのスーツの中で、トマトレッドなどのビタミンカラーは超目立ちます。良くも悪くも、1日中どこにいるかGPS機能のように把握されやすい色です。ビタミンカラーは、色から元気をもらいたい時に着ていました。

また、グレー系は、グレーの発色の状態や自身のファッションの系統、何に組み合わせるかにもよると思うのですが、グレーと一言でいってもグレーのグラデーションが多種で、似合うグレーも似合わないグレーもあり、意外とカジュアル見えするカラーにもなります。

太めのボーダーはカジュアル感が強く、小花柄やレース刺繍、一部分にフリルやシフォン素材を使ったものは着こなしやすいうえ、色はモノトーンやパステル系が合わせやすいのではないでしょうか。

私自身は、フリルやシフォン素材は苦手でした。そして、電車内の温度調整兼税務調査での外出や、納税者や対外的応接時もふまえ、ほぼ毎日ジャケットを着て通勤していました。職場のデスクワークの時は、ジャケットを脱いだり着たりしていました。こんな時のお助けグッズがカーディガンでした。通勤電車の中で、丁度いい感じの袖丈で優しい感じのカーディガンスタイルの女性や、軽やかなフレアスカートを甘く優しげなスタイルで着こなす女性を、自然と目で追っていました。

しかし、私はジャケットのインナーとして7分袖を着るのは苦手です。私は身長もあり腕の長さがあるので、7分袖が6分袖となった結果、ジャケットの袖の途中でインナーの袖が固まってしまいモコモコするからです。着る時に秘訣があるのかもしれませんが。暑い季節だからといって、エスニック調やトロピカルなリゾート系プリント柄は職場によってはこれも避けたいスタイルです。

私が以前、名古屋に行った時、名古屋の女性の印象はスプリングと感じました。華やかなのです。その色も、ホワイト、ブルー、イエローにピンクなどのパステル系カラーが溢れていて女性がフラワーなのです。名古屋から東京に戻り、山手線に乗車した瞬間、車内は黒にグレーといった無彩色の世界に戻り、「うわー！　まだ冬。白黒写真だ」と色彩感覚のギャップにやられました。

山手線をはじめ首都圏の電車内でパステルカラーのスプリング感ある服装だったら確かに綺麗ですが、なかなかスプリングは見かけない光景です。そのあとに行く機会のあった福岡は、パステル系でもモノトーン系でもなく、表現が難しいのですが、基本を押さえた美人モードと私は思っています。ファッション雑誌のコーデは全国共通なのに、場所によってこんなにも感じる雰囲気が違っているのは驚きです。

トップスから視線を下に向けると、今度はボトムです。それはスカートとパンツの2つのスタイルがベースとなってきます。私の好みで、断然パンツスタイルが多くなっていました。パンツスタイルといっても、ガウチョパンツやワイドパンツ、細身のスティックパンツ、長さもフルレングスからクロップド、9分丈、7分丈と形は様々で選び放題です。この中で、まずは自分に似合って素敵に見せてくれるものを選びたいのです。

女性には気になる流行もあります。身長や体型、足の形などによっても自分に合う素敵感あふれるパンツの形がどこかにあるものです。

私は、仕事の時は、9分丈かフルレングスが定番で、ジャケットとの組み合わせも普通の形で、冒険はしていませんでしたが、今は車を運転する機会の増加と相まってフルレングスの出番なしです。各ブランドのマネキン達は、流行を身にまといスッと立っています。素敵に飾られたマネキンの着こなしから、ここ最近の主流は、ガウチョパンツ、スカーチョとワイドパンツ系が、スカートでは、ウエストマークのタイトで膝が隠れるタイプが幅を利かせているように見えます。

私も試そうと、マネキンや雑誌、通勤電車内で見かけたいい感じのOLをイメージして、数回試してみたガウチョパンツはしっくりせず、ガウチョパンツ＝似合わないといった方式が成り立ってしまいました。どう組み合わせても、見た目がなんとなく足が短めに見えてしまい、お尻が扁平なような錯覚に陥り、手が出ませんでした。典型的な日本人の横に張りのあるお尻に続く脚のバランスにおいて、脚長効果という効果面では、期待薄といったポジションにあるような気がします。そして、ワイド系パンツは、意外と足の形、特に足の内側のラインをしっかりひろっている事実が見えます。

ならと、夏のセールの誘惑に乗っかり、手にしたのが、丈感長めでセンタープレスのある、ネイビーのワイド系ガウチョパンツ……？　を試してみました。座った時の窮屈さもなく1日楽ちん、なかなかいいかもと思っていたら、トイレの際に裾が床に付かないよう気をつけないといけない事態に出合ってしまいました。まさかトイレでと、新しい発見でありましたが、やはりガウチョパンツは私には手強いものですが、それでもしっかり所有しています。ガウチョパンツやワイドパンツは、トイレでは手間がかかりますが、ワードローブの範囲に入っています。オールインワンの場合、どうやっているのでしょう。

また、昨今の流行であり、美人系で素敵なカットワークレースのスカートや、夏にも冬にもこれまた使えるホワイトパンツの、下着のラインと色にはご注意を！

次はもっと下に視線を移すと、靴です。お化粧はフルメイクで頑張るけれど、足元は気にしていない女性も多いと見受けます。足元の手抜きは、意外と見られているものです。

就活中は、黒のパンプスが基本ですが、ここで気になってしまうのが、一生懸命さの結果かもしれませんが、踵がパカパカしている、ヒールが擦り減り左右のバランスがとれていない、基本中の基本ですが、磨かれているべき個所が磨かれておらず、ブラックからグレー化したパンプスなどです。

社会人となって、それぞれの職場環境の中での許容範囲とされる足元はどうなっているか自身で確認するべきです。

私がいた税務、もしくは一般的に対外と接点を持つことの多い場合、黒のリクルートパンプスからおしゃれ度のアップした黒パンプスやベージュ系パンプス、リボンやバックル調の装飾があるパンプス、バイカラーやオープントウ、バックベルト付きサンダル、ピンヒールにウエッジソール等々、これでもかとデザインされている中からセレクトするのをお勧めします。オープントウのつま先は、危険と隣り合わせですが。

自分の足にマッチした一足、いえ一足では毎日同じになってしまい、パンプスもかわいそうなお疲れ顔になってしまうので、複数足を履き回すことをお勧めします。そして、就活の大変な状況から抜け出した女性達は、踵パカパカやヒールの異様な傾き、汚れなど、顔のお化粧やヘアスタイルを気にする時間の中の少しを足元にもかけてほしいと思います。

ところで、クールビズになると、サンダルを履く女性も多くなり、軽やかさと涼しげな感じをもたらしてくれます。しかし、バックベルトもなく踵丸見えのサンダルや、ミュールを履いている人の、履いている場所が気になります。デスクの下で、1日中サンダルを履いていることからくるむくみや外反母趾にならないようにと考えた結果の対策として、この踵丸見えサンダルに履き替えてデスクワークをするのはありだと思います。しかし、会議や対外的な接触がある場合の踵丸見えサンダルや、オフィス内いつでもどこでもトレーニングなの、とにっこりほほ笑んでスニーカーというのもいかがなものでしょうか。特に年齢とともにそれなりのポジションにいる女性の足元が痛々しいと、それだけでひゅーんと「おばさん」に格下げとなってしまいます。

私もおろしたてのパンプスから、靴擦れや指の痛みを経験したことがあります。また、靴擦れ対策パットの張り忘れなどで痛い目に何度も遭っていますが、対外的な仕事は、ヒールの高さは低くてもパンプスがいいでしょう。

このパンプスとボトムスの間に位置する、脚を包むストッキング・タイツは、女性ならではのアイテムです。ちなみにフランスなどの海外では、靴下のつま先の穴は外から見えなければOKらしいです。たしかに、見えなければいいのではと私も思いますが、穴があるとつま先の違和感はありますよね。しかし、外から見える穴や複数ある穴（水玉模様か）、伝線は、残念な印象になってしまうので気をつけましょう。

また以前研修会に参加した時、研修内容はなるほどと考えさせられるいい講演だったのですが、講師の方が上下白のスカートスーツに黒いタイツといった着こなしで、ファッションモデルの場合は決まるのですが、私の中では、上下白スーツに黒という組み合わせが調和していないと感じ、途中からそのことばかり気にかかってしまったということがありました。

足元まで話しましたが、一番上に乗っている頭、すなわち顔に戻ります。私自身、化粧はどうやるべきかを語るなんておこがましく、むしろできない人であると認識しています。そりゃ人並み程度の知識は雑誌からの受け売りとして持ち、化粧品も持っています。日焼け止め、ファンデーション、アイシャドー、口紅とあとは40歳代後半から使うようになったチークくらいは持っています。眉は天然のままだし、マスカラ、アイライン、ビューラーは自身の結婚式の時以外使ったことがありません。自分の結婚式でメイクしてもらった時に、ビューラーを使われて目をどのように対応させればいいのかわからず、大変だった記憶があるくらいですから。

「すっぴんが綺麗だ」という褒め言葉もありますが、現代のオフィスでは、塗りすぎないけれど、ファンデーションや口紅はのせたメイクが基本ではないかと思う次第です。

歳を重ねた今、何もしないと顔色が悪く見え、クマも小皺もですし、日焼け対策も兼ねて塗ります。いいえ、お化粧しています。似合っていれば許されるものですが、私が綺麗なブルー系の目元や、強すぎる香水の香りをさせるとアウトの部類に区分されるのではないでしょうか。

化粧品コーナーや広告媒体では、彫りの深いフェイスの外国人の美人モデルがメーカーの顔となり、消費者である私に「いいよ」と迫ってきて、私もなれるかもという錯覚と現実感を起こしてくれます。でも、私のような一般的な顔の消費者には、モデルと同じものは使いこなせません。特に冒険することなくここまできています。

香水＝フレグランスは、付けすぎると危険な結果を生みます。フレグランスの甘い香り、柑橘系の香り、石けんの香り、フローラルの香りと、香りの選択肢は多くあります。自分好みの香りは、ずっと身にまとっていたいものですが、香りの感覚が麻痺してしまい、適量範囲を超えてしまったり、付ける場所を間違えたりすると大変なことになってしまうのはご存じでしょう。いい香りだったのが、そばに寄りたくない、寄らないでほしい香りとなってしまいます。清潔感のある爽やかな香りをまとった、誰も邪魔することがない女性になれるといいのです。

「流行は繰り返す」と言われ、今バブリーダンスといった80年代のダンスミュージックが話題となっています。当時流行した厚みのある肩パットの入ったアメフトばりのジャケットを、私もいまだに捨てられずに一着を持ち続けていますが、復活は難しいようです。

現在、私がずっと好きだったブランドのもので、良質な生地と仕立てのスーツがあります。最近のパンツスタイルは、ウエストの位置が高くなり、幅がワイド系になったことから、私もいけるのではと再デビューをもくろみ、平成30年のシーズンに鏡の前で着てみました。ジャケットはやはり肩が大きく張り出して、インパクト大になってしまうので却下。パンツも当時はこんなにもウエスト位置が高かったのだと再認識させられつつ、ローウエスト時代を経て束縛されなかったウエストの変化から、フッと息をはいてからのウエストボタンに洋服も自分も、思えさせられた代物でした。ウエストマークすることで「ここがウエストよ」と、自らの体に認識させ、緊張感がないと、時の経過とともに成長しやすい部位だと改めて実感しました。体を洋服に合わせるか、はたまた、洋服を体に合わせるか。女性の皆さんどうしますか。そして、タンスやクローゼットの中で眠りすぎている洋服はやはり着ないものですね。

オフィススタイルは、自分自身が気持ち良く、周囲も嫌な気分にならないような心遣いが必要となる、気難しいところがあります。しかし、その中でも楽しむことができるはずであり、素敵に見せるための女性のアイテムだからこそ、周囲を観察しながらいい感じのスタイルを作りあげることができると良いのです。

朝決めたスタイルが、自分にとってはまっていないが、時間がなくてとにかく何か着てきたといったような日は、1日中どんより気分になってしまいます。

自分よりも他人のほうが早く気付く毛玉やボタンの取れた服、伝線ストッキングはNGです。手入れの行き届いた服を身に着けましょう。

2 恋愛と結婚

幼少期に「将来何になりたい？」と聞かれて、学校の先生、ＣＡ（キャビンアテンダント）、看護師、医師、お花屋さん、パティシエなどと言っていた頃、きっと「お嫁さん」なんて言っていた人も少なからずいるはずです。職業の具体性はともかく、女性の誰もが漠然と「結婚して、子供は欲しい」と思って大きくなったのではないでしょうか。

近年、全体的に晩婚化が進み、「おひとり様」と呼ばれる人が増え、また、恋人のいない人やセックスをしたことのない人の割合が増加していると聞きます。

小学校、中学校、高校、大学そして社会人、成長とともにどこかで誰もが一度くらい「結婚」に思いを馳せ、「結婚したいなあ」とつぶやいた女心があると思います。その思いは、きっとどこかのタイミングで、結婚という形になるかならないかという経過をたどり、選択しているのではないでしょうか。結婚するかしないかを、良い悪いで振り分けられるものではないですが、誰もが後々、あそこで結婚を選んでいれば、また選んでしまったからと思い巡らせているものです。

私が社会に出て、数年が経った22歳の頃、ある職場で上司からこんな言葉を掛けられたことがありました。「女性はクリスマスケーキだからね」と。なんのことかピンときていない私に先輩が、それは「24日（＝24歳）までは高いけど、25日（＝25歳）になると値下がりするということ」と丁寧に教えてくれました。平成30年の今だったら、間違いなくセクハラで訴えられるような言葉ですが、セクハラもそこまで幅を利かせていなかった昭和の当時は、私の中ではかえって妙に考えさせられた言葉でした。結婚するまでずっと心の端に引っかかっていた記憶があります。

女性の社会進出により、キャリアを積むため結婚や出産が障害になると考える傾向があることも事実です。

まずは、「結婚＝ウエディング」という心についてのお話です。

大学卒業後に就職して、仕事が面白くなり始め、趣味も充実しているお年頃に、結婚して自分の築いてきたペースを乱されるのはちょっとと思う心です。なかなか時間のスピードは変えられません。歳は時間とともに誰もがプラスされていきます。アラサー、アラフォーという文字が躍ります。

だからといって結婚が正解であるとは思いませんし、結婚は一度しかできないものでもなくなりました。とはいっても、結婚は一人ではできません。パートナーとの出会いは、大きく分けて恋愛結婚とお見合い結婚がありますが、お互いに好きという感情、一緒にいることが我慢するより楽しさなどのほうが大きいとか、会話がかみ合うといった感情等が絡まり合い、また、お互いの香りが嫌でないことも重要となります。あるポイントで2人がGOサインを出すことによって結婚に相成ります。そこに至るまでの恋愛観や結婚観みたいなものは、個々多種多様であるからこそ、もっとわかりやすく言い換えれば、好みがあるからこそ一対一の何万通りの中からの2人の結婚が成立するのです。言うなれば、5人組のアイドルグループの中の誰かでなければ結婚しないと皆が言えば、超高倍率の競争をくぐり抜けた人の5人のみが結婚できるということになります。

学生時代や入社したての若い頃は、恋愛や結婚に対して、こうありたいという夢を持ちます。積極的思考と行動の下で「好き」という感情にストレートで、さらにスピードに乗って道を進んでいける力があれば、その進んだ先に婚約から結婚、出産、子育てに繋がることが多いのではないでしょうか。そして、社会経験と年齢を重ねるにつれ、結婚に至るまでの行動が慎重になり、結婚後のあれこれに対して想定問答を繰り返しすぎ、たどり着けない場所になっているのではないでしょうか。その中には、無駄なこととは言いませんが、想定問答のとおりにはいきません。やってみなければわからないことばかりです。そして、いつのまにかまた時を重ねていたというような迷宮に入ってしまっているのです。

結婚の平均年齢推移については、厚生労働省のサイトに掲載されている情報によると、6年前の平成24年の平均初婚年齢が、男性が30・8歳で女性が29・2歳となっており、約40年前の1980（昭和55）年の男性が27・8歳と女性が25・2歳から見るとプラス3～4歳と上がっています。晩婚化が進んでいることは、数字という見える形で現れています。確かに、私が結婚した当時の感覚からも身近なところからも年々晩婚化が確実に進んでいると言えます。結婚年齢が高くなること＝出産年齢が高くなるということです。

希望結婚年齢なる統計についても平成27年版厚生労働白書に載っていたので触れて

おきます。男性は28〜29歳13・3％、30〜31歳28・5％と40％を超える数字で結婚を希望する人がいます。それに比して女性は、24〜25歳22・0％、26〜27歳16・1％、30〜31歳14・8％、28〜29歳14・7％と続き、24歳から30歳ぐらいで結婚したいと考えている人が50％を超えています。女心は、30歳までには結婚できたらいいなあ、したいなあ、できるはずと思っていますよね。

私自身が、身長が高く（167センチ超え）、スポーツオンチなので、自分より身長が高く、スポーツのできる人と結婚したいと思っていました。まして、自分に自信がからきしなかったので、こんな私と結婚してくれる人で、希望条件が叶うならと思っていました。そして、夫となった人はこの点以外においても私には充分すぎると思える人です。両親も私より、夫の意見を重視することがあるくらいでしたし、関係性や様々な面での理解度も良縁で、「結婚してよかった」と思っています。

女心では、白馬の王子様やイケメンと運命の出会いという名のもと、突然現れて私をどこかへ連れて行ってくれるというのを夢見ています。ウエディングドレスを着て、Ｈａｐｐｙというのは夢とわかっていても、理想・美意識として誰もが持っているのではないでしょうか。

女性は、ストライクゾーンというか合格ゾーンを持っており、これに向かって五感を研ぎ澄ませ、色々な定義づけされた中を泳ぎ切り、結婚という1つのゴールを目指しています。

私見ですが、女性は30歳に向かって、社会でもまれながら目を肥やし、結婚したい思いと、相手に対する条件・希望が段々と右肩上がりの上昇傾向になっていると思います。そこから先の条件ゾーンは拡張することはあっても、狭めることは難しくなってきます。それでも、白馬の王子様から馬に乗っていない王子様へと若干条件変更を申し出て、確率を高める方向にシフトしていくのです。

今の女性は、自身で稼ぐ力があり自活していくことができます。昔だったら、生活するために我慢や妥協してお見合いや仲人の紹介といった方法で配偶者と出会い、主婦になり家庭に入るという形式が大半であったと思いますし、それはそれでいいシステムで、おせっかいだと言いながらも縁に恵まれていたのではないかと思います。現代はおせっかいを焼いてくれる人が見当たらなくなり、社会的に自活した女性は、それなりに稼ぐことができているからこそ品定めできる、するようになるという状況と、パソコンなどの婚活サイトで、自らお見合いをするという変化が見られます。

結婚するなら名の知れた上場企業に勤める人、高収入の人、安定感のある公務員や士族（医師・弁護士など）の人などとの出会いを期待し、経済力に重きを置いている女心があることは否定できません。「稼ぎがなくても、夢を追いかける人でも大丈夫、私が稼ぐから夢を叶えて。愛しているから一緒にいましょう」的な女性がいるのも事実ですし、それが駄目だとは言いません。しかし、一緒に生活していくという現実を考えると経済力を判断材料として見てしまうのは否めないところだと思います。

また、一緒にいて落ち着くとか、価値観が同じとか一般的によく言いますが、しょせん別々な家庭で育てられてきたのですから、結婚は一緒に生活して、どこまで受け入れられるか、許せるかという部分だと思います。

私自身、夫が靴下を裏返しに脱ぐことが「えーっ？」で、いちいち言っていたのですが、それも面倒になり、かといって私がそれをひっくり返して洗濯するのは不本意なのでそのまま洗濯機へＧＯしていたら、結婚生活約30年の今は、靴下が裏返しのまま洗濯機へと入っていないようです。また、片付けることが苦手な夫が、ある場所にひたすら溜めこんでいた雑多な書類の山に対して、期限を決めて片付けるようお願いしたことがありました。その期限の日に片付いていなかった時、その場所にあった書類、紙の山を綺麗に捨てたことがあります。夫が、気付いた時には何もないといった状況に唖然としつつ、その後の我が家では、私が「〇日までに片付けて」と宣言した場合は、家族は捨てられたくない物はそそくさと片付け、あとは捨てていいものを残すといった行動に出るようになりました。

結婚という夢を叶えた場合、独身の頃の気楽さや自由さがすべて残ることはありません。必ず削られ減ります。お給料すべてが自分に帰属するといった経済的余裕がある独身から、経済的に不自由（2人の生活費の考え方や家計といったもの）も生じることでしょう。

異性と知り合う時間や機会がない、希望条件を満たす相手と巡り会わないといったこともあるでしょう。それでも、五感を働かせ、マッチする男性と結婚してみませんか。

さて、結婚してからは妊娠・出産という現実があります。ここからは「出産＝マタニティ&育児」についての話です。

今の女性は、「寿退社」が減り「出産退社」が増加の傾向にあるように思います。

妊娠・出産は、女性にとってまた違ったスタートを作って走れと言ってきます。そのスタートする年齢も数字的に見ると変化してきていることがわかります。

ここでも平成25年厚生労働省から提供されている人口動態調査によると、女性の第一子出産平均年齢は30・4歳であるとされ、平成23年に初めて30歳を超えてから毎年上昇傾向にあるとされています。私自身は、26歳と29歳で出産を経験しました。夫の「30歳までに産んだら育児手伝うから」と言った（何気なく言ったのかは定かではありませんが）言葉を信じ、その言葉のとおりに受けた結果です。今は産んでよかったと心から言えます。

第一子出産年齢についても1980（昭和55）年から比べると、約4歳上昇していますし晩婚化が進んでいるのですから当たり前のことです。しかし、周りもそうだからと構えている女性の皆さんへ、知っておいてほしいことがあります。以前に比べ近年は出産のリスクといったものが言葉として表面化してきました。医学も進歩してきました。女心として「子供が欲しい」という気持ちは、多数派だと思います。子供がいないからといって社会的にどうこう言うつもりもありません。それぞれの事情や考え方があるのですから、それぞれの形があって当然のこととして理解しています。私自身は、子供がいることによって、税務という少し特殊な仕事環境以外に、社会との接点が子供を通じての親だったり、保育・学校の環境だったりと、出産前の自分のいる社会以外の社会に属する女性の皆さんと接することで、物事の見方などが変化し、多角的になることができたと感じています。一人の女性として、やはり接点は多いほど良いのではないでしょうか。

子供は、プラスです。私は、プラスでした。

出産リスクについて、現代社会においては、栄養状況は良好ですし、見た目だって若いし、時とともに誰もが恵まれるものと思っています。といっても医学的には、卵子年齢は25歳がピークと言われ、妊娠率もこれを境に低下し、30歳からさらに低下すると言われています。

またストレス環境によるものからなのか、ダイエットなどによるスタイル重視の波紋なのか、近年増加傾向にあると感じている不妊治療についてです。この不妊治療も42歳頃がリミットとしている婦人科もあると聞きます。これは、栄養状況や見た目は若くても、体内年齢は一人ひとりの違いはあり、多くの医学的な妊娠可能年齢というものに当てはまることを認識しなければいけないということです。女性の体はいつでも、いつまでも妊娠・出産できる構造にはなっていないということを受け止めましょう。もちろん妊娠は「女性だけの問題」ではありません。

出産は女性しかできませんが、子育ては女性も男性も携わることができるものです。全部私がやるという人以外は、すべて背負わず、共同参画で育てる時間を重ねていくべきものだと思います。

私自身は、1人目の出産時には育児休業制度がなく、産後8週間で仕事に復帰し、2人目の時は、育児休業制度はあったものの育児休業期間が無給となることから、住民税や社会保険料などその期間納める金額を試算した出費が大きく、また、私自身の性格上、仕事から離れて育児のみになる生活パターンが100%は向かないと読んだ夫から復帰の勧めもあり、こちらも産後8週間で仕事に復帰しました。夫の思考はしごく当然のことで、私が1日中育児だけに向き合っていたら、育児ノイローゼ・産後うつになっていたのではないかと感じています。私にとっては、これで良かったと思っています。

第2子は、公立保育園に入園できるまでは無認可の保育所のお世話になっての復職でした。特に第2子は、上の子が公立保育園で下の子が無認可保育所、それぞれ預かっていただいていた行政（市）も違い、住まいからは逆方向の2か所に通い、月9万円以上の保育料がかかり、今思えば9か月程度だったとはいえ、すごいことをやっていたと思います。私のお給料の手取りは保育料で消えていました。それでも、無認可保育所の自分の両親世代の先生からは、その時々において理にかなったアドバイスや、育児書のとおりにいかない時に、育児に対しての安心感のある言葉を与えて頂き、本当に恵まれていたと感謝しています。

保育所の入園事情については、その行政ごとに定員事情があり、年々競争率は激化していると聞こえます。入園については、あまりいい話題は聞こえてきません。女性がフルタイム・パートタイムと多様な形で社会とかかわり働いている実態の中で保育園入園を必要としている母子皆が入園できることが誰もが願う理想の姿ですが、現実なかなかの困難事案です。

待機児童の数や、その数が減ったという内容を詳細に分析していませんが、カウントの仕方が変わったり、育児休業延長などで、そもそも応募しなかったりというものも少なからず影響しているように思います。

保育園新規建設見送りといったニュースを耳にするたび、子供は増やしていくこと、女性が働くことに賛成なのに、隣に保育園が建設されることには反対という社会のあり方にジレンマを感じます。確かに子供の声はなかなかすごい音響であり、これが多重音声になると、登園下校の交通環境などで近隣住民においては生活環境が脅かされると渋るのも理解できます。

しかし、私が思うに、いつも後手に回った行政の説明不足から意思疎通が図れず、平行線を辿る図式というお決まりのパターンが招いている結果であると思えます。女性は本当に参っています。働く女性たちは納税者であり、一番身近に感じることのできる行政からの恩恵が少ないと思い込んでしまう思考を招いています。

政府の提言している「一億総活躍」「女性の労働力を逃がすな」などとして掲げている文字は「そのとおり」なのですし、賛成していても、働きたくても、活躍したくてもその場に行くことができない現実があるという女性のジレンマと政府の構想との間に大きな溝ができあがっていることをきちんと理解していただいているのでしょうか。早急に保育環境の整備は必要です。

3 スタイル

道を歩く、ウィンドウショッピングをする時など、誰もが一度くらいはビルのガラス面に映る自分自身の姿をチラ見して全身をチェックしたことがあると思います。

スタイルとは何か？　ライフスタイル、フリースタイルとか姿かたちのスタイルなどありますが、まずは外見的なところに戻って容姿のスタイルについてお話ししましょう。

私がまだ10代、20代だった頃、30代、40代の女性は、おばさんに分類していました。きっと今の10代、20代でも分類はあまり変わらないと思います。しかし、自分がその年齢になると、まだ「おばさん」に分類してほしくないと訴えます。

最近は聞かなくなりましたが、美人を「立てば芍薬、座れば牡丹、歩く姿は百合の花」という例えがあります。優美であり、凛としていて、謙虚さもあり、姿かたちのみならず、立ち居振舞いも美しいという女性を形容している表現で、とにかく魅力的といった感じを受けます。今の時代の女性から見たら、薔薇のほうがいいとか、スイートピーのほうが可愛いとか、ひまわりのような女性と言われたいとか色々なご意見もあるでしょうが、花に例えるスタイルは、やはり外見から受けるイメージの大きさを感じる形容だと思いませんか。見た目は、重要でポイントが高いということを今一度考えてみたいと思うのです。

見た目を大きく二分してしまえば、スタイルのいい女性とスタイルの悪い女性ということになります。女性サイドにとってはスタイルというのは非常に重要であり、スタイルが悪いと魅力半減とは言いませんが、魅力レベルは低くなり、実年齢よりも上に見られる傾向にあると思います。

「スタイルがいい」とは、体格がよいとか、痩せているとか、くびれがあるなど色々な表現がありますが、第三者から見て惹かれる体型をしているということではないでしょうか。

「スタイルいいね」と言われるのは女心的に嬉しいものです。そうありたいと思うことは、至って普通の女心だと言えます。面と向かって「スタイル悪いね」なんて言う人はいませんが、もしも、そんなことを言う人がいたら、そんな場所にはいたくないものです。ちなみに、夫に「どのくらいだったら太ってもいい？」と聞いたら、「電柱の陰に隠れた時に見えるのはアウト。ボン、キュッ、ボンじゃなくてもいいけどボン、ボン、ボンとかも困る」とのことでした。最近の電柱は細めですし、隠れ方にもよると思いますけどね。

『2018年、女性が憧れる芸能人のプロポーションランキング』を見ると、1位・米倉涼子（敬称略）、2位・藤原紀香、3位・深田恭子となっています。以下ローラ、綾瀬はるか、菜々緒となっていました。芸能人ですからテレビや雑誌で拝見するより、実際はずーっと細いのでしょうけれど、女性が目指すのはモデル級のプロポーションということでしょうか。一般的な見解では、ただただ細いというのではなく、体の凹凸がある体型がスタイルいいということではないでしょうか。凹凸がある体型の女性はスタイルがいいと言われ、そして、そう見られているのではないでしょうか。

私は、身長が167センチ超えなのが嫌でした。高校生の頃は校内に背が高い女子が多くいたので特に気にならなかったのですが、社会人になり公務員となった職場では、高身長の男性が意外と少なかったこともあり、自分の身長の高さがとても気になっていました。社会人になりたての頃は、いつもペタンコ靴でいつのまにか猫背になって歩いていました。ある時、父に猫背のカッコ悪さを指摘され、その後、子育てをし30歳を迎えた頃に、ヒールに抵抗がなくなっていました。20代にヒールでカッコよく歩いていたら……？　なんて思いもしますが、今では7センチヒールが好きです。脚もヒールのあるほうがスタイルよく見え、脚長効果もあるという自意識と、ピシッとした感覚が好きになりました。日本人の現代っ子は脚長傾向にあるとはいえ、大多数が股下より胴のほうが長い体型ですから、それをカバーする一手段としてヒールはスタイルアップを図ることができるグッズなのです。

ヒールを履いてもスタイルが悪く見えるのは、頭からつま先までのコーディネート的なバランスや、歩き方と猫背などの全体的なバランスが大きく影響していると思われます。パソコン無しでの仕事は無に等しく、お尻の下にクッションだとか、椅子の上に姿勢保持用のグッズを置くなど、姿勢を正してパソコンに向かうことの工夫はしていますが、私も正しい姿勢でのパソコン作業は続きません。猫背でいいことはないのです。内臓が在るべきところに収まっていないことから生じる、姿勢や体型への悪い影響もあります。背筋がすっと伸びている女性は、スタイルを一層よく見せますし、実際の身長より高く見える効果もあります。私は高く見えなくていいのですが、姿勢が良い女性は見ているほうも気持ちいいものです。

『美姿勢』はどうやって作るのでしょうか。私は専門家ではないので、こうやるべきといったことを文字で表すことはできませんし、指導もできません。美姿勢になるには、スタイルに関心を持ち、食生活を良くし、運動をすることだと思っています。もちろん、スタイルだって個人差がありますし、それに対する考え方、捉え方にも個人差があります。しかし、少し関心を持ってみるのもいいものですよと言いたいのです。

スタイルに関心を持つというと、美意識マックスのように思われてしまいますが、スタイルへの関心が第一である必要はありません。だからといってスタイルにまったく関心を持たないのと持つのとでは、時の経過とともにその女性にとって大きく差が開くと思うのです。自分の関心が、スタイルとはまったく別のところにあって必要ないと言われればそれまでですが。

私は、自分の子供たちから「ジーンズがきつそう」などとチクッと厳しい言葉を言われ、カチンときましたが、バランスのいい体型を気にするということに対して、一役買ってくれたのではと思いました。これからも、家族に見てもらえるように維持できるといいなあと思います。

その子供たちが小さい頃に家族でグアムに行った際の、ホテルでの朝食バイキングの席でのことです。グアムは、フルーツも美味しく、ワッフルもオーダーしてから焼きたてのものを食べられるので、美味しさにつられついつい食べ過ぎていました。ふと視界に入ったお隣の若い外国人の女性と、そのママと見受けられた2人が、同じワッフルに山盛りの生クリームとナッツやジャムをトッピングし、フルーツたっぷりの重量感のあるものを食していました。しかも、メインの皿だったらしきものはすでに終わり、デザート的な領域に入っての様子でした。2人の（特にママの）体型を見て娘が、「あんなに朝から甘いのたくさん食べると、ああなるんだね」と一言。肥満大国とも言われるアメリカでは、朝の大盛りワッフルもなんてことないのでしょうが、数十年後の立派な体型への道が見えた時でした。今でもその時の情景と娘の言葉は忘れられません。

しかし、食生活に気を使い、バランスのいい食生活を目指すと本当に大変です。せめて暴飲暴食に気をつけ、大好きなチョコレートをちょっとだけ我慢しつつ、なるべく野菜を多めにといった程度のことを、できる範囲で続けているのが私の現実です。「ポリフェノール効果」という文字に、食べることへのOKサインを出しつつも、夜中に大好きなチョコレートの摂取量をいかに減らすかが課題です。

初の専業主婦の身であった8か月間は、働かざる者食うべからずではありませんが、満員電車の通勤分は確実にカロリー消費がないので、昼食では、仕事の時より控えめにする程度が関の山です。運動もしかりで、都市圏への通勤通学では電車の乗り換えと人波を縫って歩くこと自体が運動です。この必要最低限のこと以外でも、できるだけ体を動かすことが有益だということは、誰でも知っています。寒くなってくるとインドアからアウトドアへは億劫になり、趣味は読書なんて言いつつ家の中で過ごす＝体脂肪の蓄積は否めないのが現実です。シャープさの維持はできなくなりつつありました。

外に出るということは、すべてが車移動という場合を除いて歩かなければならず、歩くということは筋肉を使ってヒップアップに貢献していると思って歩きます。自己暗示でスタイル維持になる場合もあると、勝手に図式化しています。しかし、アラフォーまでに蓄積した筋力は、通勤以外にまったく運動をしなかった15年でアラフィフ目前に使い果たしました。過去には、運動音痴の私が唯一できる水泳というものを週1回程度のペースで続けていたのですが、子供の受験と自分の仕事を言い訳に、1か月、半年、1年と遠ざかり、行きづらくなり、そして、まったく行かなくなってしまいました。人間ドックの体脂肪率にも貯金がなくなり、上昇傾向になっていました。今では、もちろん水の中が一番好きなのですが、地上での運動もやっとやってみようかなという気持ちになり、お試し体験価格を使ってジムに行くことにしました。運動神経なんてものは、どこかに置き忘れてきたというのは把握していましたが、それを承知したうえで負荷少なめのヨガなどからチャレンジしたはずでした。しかし、やってみると、真似した動きやステップは簡単そうに見えるのに、コントのように手足がバラバラになり脚が開かず、前屈したら「うっ！」となり、こんなにも動かない体って誰の体？　とへこみました。絶対リタイア後だと見えるお姉様方が軽快にステップを踏む姿を横目に見てがっくりでした。「もう少し何とかしたい自分の体！」と目指して、少しずつ取り組み始めたところです。ただし、筋肉ムキムキのマッチョ体型は目指していません。

ジムに行ってみて感じたことですが、ジムにはとにかく女性が多いということです。昼間は年齢層も高めで、年金受給者層の方も多いのは当然ですが、年金受給者層の男性の姿は意外と少なく、女性の元気な姿が目立ちます。規則正しく通っておられる女性陣の元気なことといったら、体も口も元気です。この女性陣のスタイルは、メリハリ凹凸ボディとは言えませんし、ふくよかさもありますが、背筋は伸び、パワフルに闊歩するさまは若い世代のインドア女性は完全にスタイル（美姿勢）負けしています。生活の中で「体を動かす」ことは大事です。

すっきりと膝が閉じた立ち姿は、もちろん「美姿勢（百合の花）」です。座っている時のスタイル（牡丹の花）で気になる場所があります。それは電車の中です。座っている学生もＯＬさんも、女性の足元って無防備ですよね。膝が離れて、二本の足がバラバラになっている女性、膝はくっついているのに足元は離れたハの字の女性が多いと思いませんか。足元の「美姿勢」とは難しいものですが、どんなに綺麗で、可愛い女性もその足元姿勢で綺麗感がどーんと下がることを知っていますか。膝を締めるって意外と気も使い、体幹も使うのですよ。癖をつけると脚は、綺麗に変化すると自己暗示をかけます。歩く時も真っ直ぐ歩けるようになり、Ｏ脚予防にもなると私は信じて気をつけて過ごしています。難しいのですが。

　思えば子供の頃、当然ながら和室しかない我が家での食事は、座卓に座って食べるものでした。今どきのダイニングテーブルに椅子といった食事風景でなかったのは普通の家族の食事風景だと思います。しかし、我が家では、父が「これから脚は長いほうがいい」とか何とかの自己理論によって、座卓なのに「食事をする時に脚を座卓の下に伸ばして食べなさい」と言い出しました。行儀として悪いことは承知のうえですが、怖い父でもあり、我が家では座卓の下に脚を伸ばして食事をしていました。他家に行った時はそれなりに使い分けして、正座して食べていました。しかし、座卓で足を伸ばした姿勢で食事をするということは、バランス悪いことこのうえありません。勉強する時に、鉛筆持って手を卓上のノートに置くといった支えがないのと同じなので、食事する姿勢ではありえないのです。

　我が家に遊びに来た友人が、たまたまその被害者になり「えっ！　足伸ばしてもいいの？」と驚き足を伸ばしたものの、食事のしづらそうな様子と、こんな家ほかにないと戸惑っていました。確かにお行儀面では問題あると私だって思いますが、この姿勢で食べることが意外と腹筋と背筋のトレーニングになっていたように今は思えるのです。

次に、ライフスタイルのことですが、ホームページで検索すると生まれた年ごとに「ゆとり世代」「さとり世代」「はざま世代」「就職氷河期世代」「バブル世代」などと分類されていて、それぞれの世代ごとの女性像や生活スタイルが語られていました。

日本経済も色々あり、独身の女性や結婚している女性、子育て中の女性、介護に携わっている女性と、年代によっても生活スタイルという時間軸の使い方も違っています。共通しているのは、楽しく、苦に感じることなく、充実したライフスタイルでありたいと思っていることではないでしょうか。

最近話題になっているフランス人のライフスタイルについて、著書も色々出ていますし、ネットでも紹介されています。その中でよく目にするのが、「フランスの女性は家族を大事にするということ」「倹約家であること」「ワードローブは10着で着こなすこと」「食に関心が高いこと」「文化的教養を身に付けていること」など、質素で合理的な女性です。

確かに「フランスの女性」から連想すると、仕事・家庭・子供を持っていても、カフェで脚を組んで優雅にお茶を飲む風景や、紙袋からフランスパンを覗かせヒールで歩く姿、シンプルなヘアスタイルといった素敵な雰囲気が思い浮かびます。同じベビーカーと荷物を持っているスタイルなのに、ここ日本の子育て中の女性と異なる姿を描きます。自分のスタイルを持ち、自分に自信があるからなのでしょうか。あの満たされた自分への信頼感、自信のオーラをまといたいと思わせてくれます。

フランスの女性と日本人の衣食住の違いについて、まずは「衣」から見てみたいと思います。自分自身のワードローブ数を見ると10着なんて考えられません。仕事用（スーツメインのスタイル）と私用（カジュアルでジーンズ＋Tシャツメイン）のアイテムがクローゼットと衣装ケースの中に、夫の3倍の量はあります。自分では整理し、今以上のスペースから溢れないようリサイクルするなどしていても、時として、あのインナーはどこにあるのかと探すこともしばしばです。そうなってしまう理由に10着×数倍の数を保有していることが1つあります。仕事中心から離れたのを機に、整理整頓・断捨離をしてもまだこの量の保有です。

女性は、実に「衣」が多く、捨てられないからこそ「整理整頓術」に興味が向くものなのです。

次に「食」についてです。私は食べたいものを我慢するダイエットをするのではなく、体に良いものを適量摂り、野菜や果実と乳製品をしっかり摂ることについては賛成です。これは、意思が強くないとできません。

乳製品といえば、日本の若年層で骨密度の低い人が増加しているという話を聞きます。骨密度の低下は骨粗しょう症を及ぼし、骨がスカスカになって転ぶ＝骨折や背中や腰も曲がる＝スタイルが悪くなるという図式ができます。私の知人で30代の時に横断歩道で転んで骨折し、松葉杖という不自由な生活を余儀なくさせられた女性がいました。もちろんこの女性が骨粗しょう症というわけではありませんが、骨がスカスカということは骨折してもくっつくの？　と不安になります。食というスタイルは、美姿勢にも影響します。

先日、ある機会を得て「C・P・A（チーズプロフェッショナル検定）」の取得者の方からチーズについての話を伺うことがありました。チーズが美容とダイエットに適する食材だということは初耳でした。満腹感があり夜食べてもOKなのと、美肌・美髪にも一役買っているとのことで、これは是非取り入れなければと意気込みましたが、実行に移せていません。

最後に「住」についてです。住宅という面では、都心回帰傾向の中、多少の狭さ、古さそして家賃の高い物件でも立地条件が良ければ、ＤＩＹでチェンジして居心地の良さアップを図っている人が増えているそうです。

私はカラーボックスを2個作って並べると、隙間が発生して平行に立たせることのできないＤＩＹ才能なしの人です。そんな私がＤＩＹをして住む人に興味を持ってからは、受け継がれてきた古いアパルトマンの部屋にエレベーターがなく、階段を上り下りすることを街歩きと同等と考え、メトロを移動手段として、とにかく足を使って住むことにしました。ダイエットいらずのこれが、運動と食事で美姿勢・美意識を保つことなのかなと納得です。住宅数は余剰なのに、新築住宅がどんどん建築され買う人、住み替える人がいます。誰も住まなくなった住宅の問題は大きくなりつつあります。

「その美しさを保っている秘訣は？」という質問に「特に何もしていません」と答えている、モデルさんの記事やインタビューを目にします。「きっと何かはしているでしょう」と疑いを持っているのは私だけでしょうか。その女性個人にとっては、生活の一部になりすぎて自然に身に付いているから、何もしていないという表現になっているのでしょうが、何かしていると思えてなりません。秘訣の公開を望みます。なぜならば、体とは不思議なもので、スーツやシャツというカッチリとしたものを着る日々だと、それにボディはマッチしそれなりのボディを維持します。今、カッチリとしたものを着る機会が税務という職場にいた頃の3分の1以下となり、それに比してボディもやわらかな素材の洋服にマッチするよう移行状態にあります。特に腕まわりは……。

4 スイーツ

スイーツ、大好きです。大部分の女子は「好き♥」だと断言します。

最近ではスーパーで買えるスナック菓子からコンビニスイーツと呼ばれるもの、専門店のケーキにシュークリーム、豆大福、どら焼きなどなど、たくさんの美味しいが手招きしています。

会社の中でも、3時のリフレッシュタイムや食後の一口、残業中の一口二口といったようにお菓子を手にしています。スイーツと言うとちょっとおしゃれですが、おやつといえばグッと身近に感じることができます。

お菓子は、一人の時にも、人と人とのコミュニケーション媒体としても、そして情報収集能力の高さからも、もってこいのものです。上っ面ばかりの言葉よりずっと有能な力を発揮してくれるので、帰省土産や部下の誕生日といった時のプチスイーツ、また、何もない日に差し出されたおやつに、怖い顔をする人はいないでしょう。スマイルがいつもの10％増しになれば言うことありません。誰しもを、ホッと肩の力を抜かせる一瞬をもたらしてくれるいい子だと思います。

しかし、最近のスイーツの印象は、太るだけのコレステロールが多いだの糖尿病になるだのと、メタボの一要因という印象のほうが勝っているように感じます。25年以上前に見た、外国人が食していた生クリーム山盛りのワッフルに、私なんかは胃もたれしそうと引いていたのに、今では並んでも食べたいスイーツとなりました。

インスタ映えするスイーツ、可愛くって綺麗なスイーツは瞬時に続々と現れ、お店の前には行列を生み出し、そして体内へ取り込まれていきます。ニューヨークから上陸したカラフルなドーナツや、生クリームやフルーツのトッピングが10センチ以上の山を作るパンケーキを嬉々として頬張る姿は、ＳＮＳなどでいつもの2倍くらい大きくなった瞳と可愛くなった笑みを浮かべた顔をアップし、「おいしいっ！(ニコッ！)また、食べに行こうね」なんてコメントしながら、コミュニケーションと良い気分に一役買い、女子の可愛さの源としての第一人者的な地位をしっかりキープしています。

スイーツの使っている材料を一つ一つ見ると、健康に必要な栄養素が入っているし、食事だけでは不足しがちな栄養素が簡単に摂取できるといった側面が見えてきます。

砂糖は、脳にとって重要なエネルギー源であるブドウ糖。バターは、牛乳の栄養価に準じ、良質な乳脂肪とビタミンA。生クリームは、たんぱく質やビタミンA・D、そしてカルシウム。卵は、必須アミノ酸やリジン、鉄などが含まれており、貧血予防や美容促進にも効果ありと言われています。小麦粉は、ビタミンB1・B2・E。小麦胚芽には食物繊維を豊富に含み便秘予防や動脈硬化予防の効果があります。寒天は、水溶性食物繊維で摂りすぎても体内に無駄に留まりません。小豆は、ビタミンB1・B2や鉄、カリウム。バナナ（私は得意ではありませんが）は、消化吸収の良い糖質と食物繊維。イチゴは、5粒程度で1日のビタミンC必要量をカバーしつつ、食物繊維やクエン酸、カリウム等が入っています。抹茶は、殺菌と免疫力を高めるカテキンやカロチン、などといったスイーツには書ききれないほどの加点要素がちりばめられているのです。ただし、何事にも限度はあるもので、それを超えれば糖分過剰摂取の高カロリー食となってしまいます。

　スイーツを食べることを制限して、ストレスを溜めるのもいかがなものかと思うので、食べる時間帯や適量（いい単語だこと）を知って食べましょう。

私は、チョコレートがなによりも一番好きです。もうこれは、本当に幼い頃からで、家でお昼寝したあとのおやつは、パラソルチョコレートでした。今も、ド定番の板チョコからアルファベットチョコのような袋もの、大人になってからは、高級なチョコレートなどと様々なチョコレートを入手できるようになりました。なんやかんやと言っても、戻ってくるのが明治のミルクチョコレートです。

チョコレートも虫歯になるからと敬遠されがちですが、前にも書いたとおり、ポリフェノールを多く含む体に良い食べ物です。また、その効果が前面に広報され、「体にいいよ」と言われるのが、とっても嬉しく、ニヤニヤしながら、虫歯と歯槽膿漏を気にしつつも日々おいしくいただいております。

カカオポリフェノールの良いところとして言われているのが、抗酸化作用による体内の活性酸素が引き起こす害を除去し、シミやしわなどの肌の老化を抑制してくれ、血管を広げることによって血圧を下げ、血中のストレスホルモンの分泌を抑えてストレスの予防と緩和をしてくれます。また、抗酸化力による動脈硬化の予防もしてくれます。テオブロミン（カカオの苦味成分のもと）には、自律神経を調整し疲労回復を促すなど、良いことが表記されています。

では、どれだけ食べてもいいのかというと、ポリフェノールの理想的な摂取量は1日1500ミリグラムで、チョコレート25グラム分です。25グラムだと、私の好きな明治のミルクチョコレートが1枚50グラムですので、その半分かと計算してみたものの、これは基準が、カカオの含有量が高いカカオ70％と表記のあるチョコレートのような高カカオチョコレートが基本になるので、もう少し食べられそうです。しかし、高カカオチョコレートは、普通の甘いミルクチョコレートよりカロリーと脂質が幾分高いので、やはり少しは気になります。とは言っても神経質に気にしすぎるのもストレスですし、仮に20キロカロリー高くても、かつ丼大盛りを食べるより低いわけですから、適量適量と言い聞かせながら食べるのがいいでしょう。

おやつを食す時間は、食事と食事の間がいいのは当たり前ですよね。私は、3時のおやつももちろん好きですが、夜、すべての家事も終わり、お風呂も入って、確保した一人の至福の時間に食べるチョコレートが一番好きです。夜の11時過ぎてから食べるチョコレートは、いくら良い効果があるからといっても、褒められたものではないと重々承知のうえの行動です。何もこんな時間に食べなくてもと、きちんと私の心の声は訴えます。それでも、45歳くらいまでは、1枚は平気で食べていたチョコレートも、今は半分くらいに抑えられているかなと思っています。これからもチョコレートとは、長いお付き合いをしていくためにも、人間ドックの数値も気になるところですから、食べ方に気配りが必要な年頃になってきたかなと思う昨今です。

仕事心

1 税務の仕事心

私自身は、国家公務員として「国税」に関する職場でしか仕事をしたことがありません。

国の機関のうち、税を使う側ではなく、受け入れに関わる側（税収）にいる唯一の場所です。強制調査、任意調査と言われる調査に行く時は、電卓や筆記用具といった文房具メインの所持品であらゆる職種の所に行きます。武器になるような物は一切ない身での調査は、刺激的な場所へ行くこともあるので、ある意味警察より刺激的な危なさがあるのではと思います。

世間一般的に国税は、難しそうで、固い職場といった印象がありますが、思っているより大勢の女性も働いています。省庁管理のトップは財務省ですが、国税は財務管理を行う所であり、収入をつかさどる第一線の執行機関が国税庁から各国税局・各税務署という図になります。

国税庁の仕事人は（平成23年度：国税庁レポート）5万6263人で、うち1万120人が女性の仕事人で全体の17・8％います。その中でも管理職と言われる女性職員は600人強で管理職全体の4・3％とあります。平成23年から男女比の詳細な数字は出ていませんが、女性職員の管理職も確実に増えています。

内閣府男女共同参画局の施策においては、女性の管理職員を2020年までに30％程度にするという目標を掲げています。女性は人口の半分、労働力人口の4割余りなので、3割という数字は間違ってはいないと思います。

第2次安倍内閣では、「女性活躍」を掲げ、ポジティブ・アクションと銘打って様々な取り組みを進めてきた結果、国や地方公共団体、民間企業で女性が「課長」と呼ばれるような管理職の割合が伸びているのも明らかです。しかし、あと2年で目標である30％程度までもっていくとなると相当加速していく必要があるのは明々白々です。

女性の参画拡大の基本的考え方の中において（第4次男女共同参画基本計画における成果目標の動向。平成30年6月15日現在）、「社会のあらゆる分野において、2020年までに、指導的地位に女性が占める割合が、少なくとも30％程度となるよう期待し、引き続き更なる努力を行う」としています。そのうえで、「女性の参画が遅れている分野においては、まずは将来指導的地位に成長していく女性のプールを厚くし、継続就業やワーク・ライフ・バランスなどの環境整備はもちろん、研修・育成を含めた幅広い支援等の取り組みを大胆に進め、将来の30％に着実に結び付けていくことが重要である。具体的目標については、あらゆる努力を行えば達成し得る高い水準の目標を設定するとともに、それに加えて将来指導的地位へ成長していく人材プールに関する目標を定める」としています。職場側も女性側も真にこの考え方、時流に乗って仕事を任せしていますか、と聞きたいのです。

これからの女性の仕事と指導者（管理職）的地位については、後ほど、「3・子供と仕事」で話したいと思います。

税収（国税）について、少し数字的な部分に触れてみようかと思います。平成30年度の税収は、前年より増え59兆円を超える景気の良さをアピールしました。しかし、平成30年度の国の予算は、「私たちが、より豊かで安心して生活できる社会となるような方面への支出」として、必要なお金として97兆7128億円とされていて、これを叶えるための税収等、会社で言えば売上は足りていません。不足分は公債などで、会社でいうと銀行借入で資金繰りをしているという借金の多い組織からは抜け出せていません。会社の資金繰りの約36％が借入なんてことだったらとてもとても。家計で考えても毎月3分の1は借金でなんてありえませんが、国はそれで成立しているのです。平成ラストイヤーである31年度（2019年度）の国の必要なお金は、ついに100兆円を突破しました。

今月の従業員給与や仕入の支払いをどうしようかといつも日々頭を抱えている状況ですが、国という大きな会社は何故か頭を抱えている様子は明確に見せずに成立し、毎年借入金が減ることもなく、自転車操業している組織です。税収59兆円の内訳として、源泉所得税（会社員が給料から引かれて、会社が従業員分をまとめて納付している税金）15・1兆円、申告所得税（個人事業者）2・9兆円、法人税12・2兆円、消費税17・6兆円で約8割となっています。

やはりサラリーマンからの税収は多く、とりっぱぐれのないところから得る収入という印象は否めません。そして改正によって、給与収入が多い者（富裕層と言われるところ）への増税感は強まっています。

また、平成29年度末滞納整理中の金額が8531億円あり、中でも消費税の3028億円が目を引きます。消費税は、そもそも預かり金で、社会保障に使う目的の税金が納付されていないのです。預かり金という意識も醸成されていないように思います。滞納もさることながら、私が気になっているのは表面化していない消費税未納金額です。滞納として表に出ているのは、きちんと申告した分や調査などによって数字として表現されているもので納めていない金額です。

これに対して、例えば、消費税を申告しなければならない個人事業を営んでいる納税者が、所得税は申告していても消費税は無申告になっている納税者がいるという裏側です。これが結構いるのですよ。税務署だって手をこまねいているわけではなく法律に則して接触し、申告を促し、実地調査をしているものの、消費税の申告の有無は、事業に係る免許更新の際の証明事項にはなっていないし、健康保険の金額算定には何ら影響ない等々、意外と事業していくうえで申告していなくても困るといった類の税目ではないということです。いったい預かった消費税はどこにいくのでしょうか。

消費税は、課税されるものと課税されないもの（非課税）があり、一般課税制度と簡易課税制度があります。現在の国税通則法に則して調査し、消費税法によって金額を算定していく作業において最も金額算出が難しい税目と言えるのではないでしょうか。というか、調査の前線にある職員が「90％解明できたので課税したい」とアクションを起こしても、厳格な税務手続に照らしあわせた争点整理作業とその先の審理という専門性の高いセクションからGOサインをもらうという壁があります。課税という重責を負っているのですから、100％解明が望ましいのはもちろんですし、審理の壁も越えるべきものです。90％の解明によって課税（決定）したものに対して、不服審査（裁判のようなもの）によって一部でも国税側が負けるような部分が生じた場合、負け事案にカウントされることから、負けの件数が増えることは望まれませんので、無申告決定の難易度は高くなります。

東京国税局管内税務署84署、勝手に最低予測させてもらうと、税務署1署当たり5件で各200万円（5年分の無申告として）の申告していない人がいたとしたら、200万円×5×84＝8億4千万円也。プラス加算税に延滞税がつきます。1件あたり200万円は小さい金額ではないと思いますし、全国規模で見たら200万円試算でもそれなりに大きな金額ですが、予算面からは大きな金額ではないということなのでしょうか。会計検査院でも無申告件数など、表現されていない数字はノーマークかもしれません。クマさんは、現場にいる時、こんなことを思っていたのです。

そして、今のところ、何事もなければ2019年10月に消費税率10％となります。ますます滞納と表面化しない税収が増えるのでしょうか。軽減税率や還元ポイント5％は、国として税収はどうなるのか、消費者は得なのか、事業主はどうなのか、複雑化しすぎて理解力が追いついていかない現状になってしまっているように思います。国税と納税者間の不具合さが増長される税目にならないといいのですが。

消費税10％＆正式なインボイス方式と移行していくと、仕入税額控除の要件として「適格請求書発行事業者」の登録をしないと仕入税額控除の対象業者になれないのですが、これは免税事業者はなれないので、1千万円以下の免税事業者は、取引過程において課税事業者となることを選択して、この適格請求書発行事業者になるのです。ということは、いままで免税事業者で消費税の申告はしていなかった者も、事業の取引をしていくうえで、消費税の申告をする必要になるということです。理解していますか？

2021年10月1日から登録開始で、2023年10月1日からインボイス制度がスタートします。中心に位置する10％への増税という部分が注目されることは仕方ないことですが、外側に位置する事項にも、もっと視点がいくようPRしていく努めが国や税務当局にはあると考えます。わかりやすいPRをよろしくお願いしますね。

税という世界の中で、マスコミに発表され、新聞紙面等で取り上げられる隠ぺい又は仮装、大型脱税といった事案の摘発は、社会への警鐘として重要ですが、マスコミという華やかさはないかもしれませんが、申告しなければいけないのに申告しない無申告といわれる事案の摘発には、ゼロから地道に積み上げ、数字となり、申告に至るという現場の力の結晶ともいえる、大変な仕事をしていることも知ってほしいと思います。

ところで、2008年12月1日に施行された「一般社団法人及び一般財団法人に関する法律」によって設立が加速された社団法人という団体は、公共的な印象があります。特に公益社団法人というと、公益だからこそ、立派な管理法人との社会認識が生じていると思うのです。

公益社団法人の設立には、例えば東京都だと東京都庁内の都民生活部管理法人課公益法人担当という係が審査担当となっています。近頃いろいろ話題にことかかない公益社団法人ですが、そもそも都が監査する役目を担っています。監査等実施については、ホームページなどでの公表はされていないので、現状どうなっているのか謎ですが、この担当係、2008年当時、人が少なかった印象があります。その後、増えたのでしょうか。当初の目標であった3年一巡の監査は実施されているのでしょうか。公益社団法人は、監査の結果、不適応とされると財産没収となります。公益と銘打っているものですから、それなりの団体であることが重要だと思います。

地方自治体による税に対する調査等については、調査する権利は有しています。地方税は、賦課されるものですから、国の申告による納税よりも強いものがあります。課税ラインも国と地方自治体では違うので、もっと積極的に税に対しての調査に動いてみてはと思ったりします。

国会では、選ばれし国会議員が、日本全体の経済状況等を見渡し、リードする議会の審議等において、私がいつも感じるのは、「教育無償化」「介護報酬アップ」「社会保障の充実」等々、国民にとっていいことばかりの面が押し出されている気がしてなりません。マイナスとして背負っているものの大きさや、ますます大きくなるかもしれない借金というものについての議論は、大声で聞こえてきません。私たちが笑顔で生活するために必要な資金をどうするのか、調達源は、といった面の説明不足を知ろうとしない、言ってくれないから知らなかった、というような他人事の風潮に身を委ねているのではないでしょうか。

平成30年度予算では、国の収入の3分の1が借入金ですから、国であっても借入金には利息を払うこととなり借金残高はどんどん膨らみ1053兆円となっています。0歳にしてすでに829万円の借金を背負っている換算となります。これは、元号が変わってもリセットされません。医療費も教育無償化もこの借金の上で成立しており、財政再建は進んでいないという事実を知ること、知らせることが近々の課題だと思います。

国家予算も税制改正も国会議員抜きで考えることはできません。国会という審議の場で、本当に議論を戦わせてほしいものを審議していただいているでしょうか。最も多額の34兆円余を必要としている社会保障であったり、赤字財政をどうするのかであったり、国防であったりします。テレビでクローズアップされる議員のあれこれは、確かに事実関係を明白にする必要はありますし、見ていて数学のような小難しさもなく引きつけるものはありますが、「これが、できないから審議に応じない」ではなく、もっと、一般庶民の必要としているもののメインに活発な審議していただき、あとは真夜中にでもなんでもやってくれ、と思います。

議員給与では国会の審議において、議場内で法律など国の施策に係る審議に参加した議員への時給制はどうでしょうか。眠っているように見えたり、ボイコットしたり、本当に必要なのは何なのでしょうか。

新たな取り組みと支援は大切なことです。しかし、何かを増やすということは、100という使えるものが増えない限り、何かをマイナスしなければいけないことは、誰しもお小遣いや家計といったところで知っています。

「いいことばかり言っているなあ」「そうだったらいいなあ」と思いますが、何故か、それによって発生するであろうマイナス面を聞くことはないように感じます。プラスもマイナスもあるからこそ、選択しなければいけないのにと。

女心も仕事心も満たしていくには、プラスとマイナスの選択があるのです。

霞が関にひときわ年月を感じ、風格があると言えば聞こえはいいのですが、大きな樹の後ろに控える古い石造りの冷たそうなグレーの建物が、財務省と国税庁です。税務署は、この国税庁や国税局の指導監督の下に、国税の賦課徴収を行う第一線の執行機関であり、納税者と最も密接な繋がりを持つ行政機関であるとされています。

この税務署で国の収入を得るべく、第一線の執行事務を担っている職員の仕事心が、近年特に縮小傾向にあるように思います。

何故なのでしょうか。会社組織でいうところの社長や部長の示す方向性、企画・立案された営業方針とリーダーシップに社員は響き、やる気が発生することで会社は回転し、活気が生まれます。響いているのかいないのか、共感する部分はあるのかないのか、事務運営指針という名の年間計画に基づき、効率化と成果を求められる国税も、現代における会社組織の構想の中にあります。

何でも可能にしつつあるコンピュータによるデータ解析から、仕事をすることが間違っているとは言いません。しかし、「職人」と呼ばれていた税務署職員の存在は、効率という回転に巻き込まれながらも、調査に嗅覚が優れ、かつ、求められた成果を上げる能力に長けている集団として存在していました。今も少なからず存在はしています。

税務の仕事場では「5分前精神」とよく言われました。現場や会議場等への到着は余裕をもち5分前には準備ができているようにということです。私も今でも待ち合わせなど5分前には着くようにしていますし、ギリギリに出ると妙な汗が出てきます。これが長年培われたサガともいえるものかもしれません。また、時として道路でスーツを着てカバンを持った数名の人を見かけることがありますが、「ああ、これから、この辺りに調査に入るのかなあ」などと思う時があります。税務職員のかもし出す雰囲気って独特でわかるものです、もと職員には。

今更ながら、国税という総合商社の売上に当たる調査額は、毎年のように前年比を微少であれ上回る、右肩上がりの凄い商社として存在しています。赤字欠損なんてありえません。とはいっても、人員構成は、現代社会と同じ逆三角形です。伝統技法の承継と同じように国税でも調査技法の承継と言われて久しいのですが、「職人」から学ぶ姿勢と学ぶことができる環境がないと育まれませんし、1年で職人になれるわけでもなく、時の経過とともに職人と呼ばれる職員が減り、職人技を継承することなく、技能を持たない職員のみが存在して維持している組織となってきているように感じられ残念です。「職人」は、もういないのか、いらないのか、もう戻れないのか、まだ間に合うのか、とても気になります。

そして、全国にはその土地風土が違うように、税という社会の中、11の国税局と1つの事務所があります。ここにも微妙な空気感の違いがあります。税務の中核である調査の手法がどこまで同じ方向に向かえるかは、今の社会のポイントだと考えます。

現代病であり、頻繁に耳にする「自律神経失調症」や「適応障害」といわれる病に伏されている職員の増加は、公務員も民間会社と同じ勢いで増加していると感じます。専門的なところは医業の範疇ですが、襲いかかる不安やストレスに対処できずに、傾いてしまった心の不調がうつ病と呼ばれるもので、明確な心理的、社会的ストレス因子により情緒や行動に問題が生じてくるのが適応障害だとあります。昭和の頃は、「木（病気を発症した者）は森（人員が多い部署）に隠す」と言われ、人数の多い部署に配置され、多くの人のカバーによって、目立つことなく何事もなく業務が推移していました。しかし、平成の世では、木の増加率に森が追いつかず、木立の中に木があるので隠れなくなってきています。木はいつでも目にすることができるようになってしまいました。

人間関係がうまくいかないとか、希薄であるなどの学者の先生方の知識と分析は置いておいて、弱った木を普通の木に戻すための作業に、誰かが時間をかけなければ木という働き手を失うだけになってしまい、普通の木々もモチベーション低下による弱りに結びつき、組織の弱体化へと進行してしまいます。

また、税務の職場に限ったことではないのですが、パソコン社会のメリットとデメリットがあります。そして、パソコンをしっかりと管理し、対応していかなければ、特に管理される立場にある大多数の働き手は疲弊してしまいます。

パソコンがオフィス内に現れ始めた当初は、10人に1台といった割合で、あまり触ることのない機械だったので、物珍しさも手伝って触れるのが楽しかった気がします。入力するにもローマ字はキー上にあったものの、カナ入力で、なかなか配列上見つかりづらいものだったと記憶しています。

今は、1人1台は確実にあり、業務等によってはデスク上のパソコンとタブレット、スマホを自在に操っているのではないでしょうか。パソコン普及前の、手書きで書類作成をしていた時は、訂正の都度、全部を書き直して上司に出していましたが、複数の上司の手に渡るたび、個々の見解によって訂正が入り、数を重ねた訂正は初期の表現に戻るといった事態もあり、どうしてこうなるのかと頭を抱えるシーンも多々ありました。そのへんパソコンは、訂正したいところのみパパッと訂正し、文章を整えてくれる優れものです。

メール機能は、会議の参加者へ、日程や時間等の調整を一斉に送信できるので、皆が一気に確認できるなどというメリットを享受しています。しかし、このメールがやっかいなことがあるのです。極端に言えば、パソコンは24時間営業可能で疲れ知らずの機器です。税務の職場に限らず「連絡」という名の「報告」が上から下へとメールが飛びます。パソコン機能を使ってすぐに求められた数値等の報告が作れるだろうとばかりにメールが飛び回ります。あまりにも軽々と飛んでくるのが、疲れないパソコンと疲れる人とのせめぎ合いとなり、究極は過労になるのです。メールの日時を見ると20時を過ぎていて、翌日の12時までに返信をと、簡単に書いて飛ばす者がいるとほとほと悩まされ、そこから残業という道に踏み込まざるを得ない時もありました。

民間会社と呼ばれる社会においては、もっとパソコンが幅を利かせ、作業効率と早期完成を求めて飛び交っているのではと推測します。労働環境問題とされる「残業」は、パソコンから生み出されているものが多いのではないでしょうか。

税務の職場にいた頃、ある先輩が「若い頃は、終電に乗れず、事務室に泊まるか、タクシーに乗るか。長時間勤務をいとわずだったからこそ、20代で結構いいポジションになれた」と話す人がいました。それだけ仕事に邁進したのでしょう。仕事には責任が付いてきますから。

しかし、時間無制限に向き合うものではないと思います。長時間いるだけという人も、いないわけではありません。自分の時間を持ち、大切にしたいと思っていてもできない、休めないほどの仕事だけの生活は、かえって人を摩耗させ壊れていくことになります。

労働環境や残業問題が表に出て、弱者の言いたいことが言えない環境が問題視されている今、役職者も入社したばかりの者も、時間制限ありでいい仕事をする方向に舵をきる会社の体制になることを願います。

メールがない時代は、電話や文書での確認依頼という方法が主流でした。電話や文章は誤字に気をつけるとか、口調や挨拶、不在メモなど、時短にはなりませんでしたが、連絡する人とされる人のコミュニケーションツールとして有効なものでした。また、双方の反応を感じることで距離感や相手の思いを察知する力を養うことができました。

ＳＮＳなどのツールの波の中で、言葉を発信することが増え、今の若者はネットの中では意思疎通できますが、現実社会での意思疎通が不得手となってしまい、電話での対応ができないと聞きます。新入社員は、電話の取り方として部署や名前を名乗ること、話し方として語尾、要件の確認といった受け答えの基本研修の実施をするようです。最近の一般家庭でも、電話があっても、鳴る頻度は極めて低くなり、同じ部屋にいてもそれぞれがスマホ画面で同時に別々の相手と会話しているシーンが浮かびます。部屋にいる個々には、何ら支障がありません。便利です。

このツールに慣れた若者が、会社組織等社会で文字をしたためると、とんでもないことが起こることがあります。確かにＳＮＳなどは要件を伝えるためのツールですが、要件＋アルファがほしいのです。それは、会話に入っていくための導入部分や、終わり方としての言葉を添えることです。例えば、「お世話になっております」「よろしくお願いします」などというこれだけの一文が入るか入らないかでは、受け手にとって素直に受け取れない時があることを知ってほしいのです。

ちなみに、税務の現場では、毎日不特定多数の納税者からアポ無しの電話が多くかかってきます。電話に出る時は「部署と名前」を言うことを最初に教えられます。

相手の名前を聞いて、「○○さんの内容は……」といったように、相手に対して名前で接するということを徹底しましょう。電話での一言目からお怒りモードであったり、とにかくまずは聞いてこちら側に有利な回答を引き出そうという人もいますが、優れた人ほど電話での対応は、フラットです。

SNSが原因で体調を崩すほどの悩みを抱えている人が増加していることがとても気になります。SNSは、人と人がいつでも繋がって、一見密なコミュニケーションを取っているように思いがちですが、これはSNSというツールを使ったやりとりでの繋がっている感に依存し、満足しているだけだということを見ていないということです。

SNSの機能は、もちろんいいことはたくさんあって、災害時の連絡手段や情報収集といった便利機能満載です。しかし、朝一番でSNSをチェックし、出来事があるたびにアップし、報告することは、その世界が、SNSによって見知らぬ人にも閲覧されていることを忘れてはいけないと思います。その記事を見て一喜一憂することで、SNSコミュニケーションという便利な機能と引き換えに、親密なあるべき人間関係を持てなくなってしまっているのではないでしょうか。友達との会話中にもスマホを触る、会話しながらスマホのゲームに入り込む、電車の中でも席に座ったと同時にスマホ画面に移行する人の多さ。本当にスマホ画面を見る必要がある人（電子ブックを読んでいる方、ごめんなさい）は目の前に何人いるのだろうと考えてしまいます。

人と話している最中にスマホに触るという行動は、話している相手を不快にさせます。ＳＮＳが悪いのではなく、使い手が使い方を決めることで、ＳＮＳの過度な繋がりからくる孤独に陥ることなく、現実の対人間関係を濃いものにできるよう努力していくことが、社会での関係性を創っていくものだと思います。

税法に規定されている「寄附金控除」の中でも、近年の確定申告では、ふるさと納税による寄附金控除をする人が増殖しています。47都道府県まんべんなく納税している人や、１００万円以上も同じ地域（ふるさと？）に納税している人、返礼品目当てで納税している人など、とにかく多くの人が納税しています。平成28年では、ふるさと納税金額が２８００億円を超え、平成29年ではこれまた８００億円増えました。金額のトップの泉佐野市では１３５億円超の寄附があったというニュースを見ました。

それはそれは凄い金額が、税収となる居住している自治体から、ほかの自治体へと動いていることになります。この金額は、都市圏の住民が他府県市町村に寄附しているというのがほとんどでしょう。それだけ都市圏の住民税等は減っているということになります。

これはテレビの情報番組でも税の流れとして取り上げられています。税収が減れば財政は厳しくなるのですが、現状、特に東京都では所得の上昇もあり、ふるさと納税で流出しても予算面で赤字となっている様子は見受けられません。当初の設立目的からは、少々ズレた感のあるふるさと納税ですが、都市圏がまだ大丈夫なら、返礼品目当てでも、ふるさとだと思った地方へ寄附するのは、地方都市は潤いますし、寄附した者は節税になりますから使い方は間違っていないと思います。

本来の意味での寄附とは、見返りを求めないお金と認識しています。税法上の寄附金には、ふるさと納税もＮＰＯへの寄附も政党への寄附もありますから、今はこれでいいのでしょう。そういう我が家も、好きなアイスクリーム目当てにふるさと（出身地である新潟県五泉市）にふるさと納税しています。

マスメディアでコメントされている方々の中にも、ふるさと納税をしている方々が多くいると思います。東京オリンピックを前に東京都は、税の地方流出に歯止めをかけたいのは理解できます。地方から東京都へふるさと納税してもらうために、東京都も、ふるさと納税返礼品として五輪グッズふるさと納税バージョンなるものを創ってみたらいいのでは、などと勝手に考えを巡らせています。五輪関係者の方々には「とっくに考えている」と言われそうですが。

ふるさと納税をしている人は、例えば1口1万で終了という人は少なく、複数口をあちこちにしていますから。

ただ、東京都に住んでいる人は、東京都にふるさと納税できないので、通常の寄附金となってしまうところがネックです。

2 管理職へ

一人ひとりの仕事心の中には、3つの仕事心があります。

1、独身で仕事

2、結婚して仕事

3、結婚、出産を経て子育てと仕事

ここに書いた3つのパターンは、所詮3つのパターンにすぎません。仕事の仕方も正社員、非正社員（派遣社員、契約社員、アルバイト等）、フリーランス別に働き方にも色々あります。子育てと仕事も、子供は1人なのか、小学生なのか、近所に手伝ってくれる親はいるのか等々、条件は多様にあります。それは、個々の生活環境という大きな枠の中で細分化されて、多様なパターンが存在しているからです。

ともあれ、仕事心が1から3になるにつれ、やらなければならないことや、人との関係性が多様で複雑になり、何本もの糸は間違いなく交差し、織られて幅は広がりをみせます。かつ、ここに様々な障害物となりうる小さい芽や、どんどん成長してしまう芽がニョキニョキと自然発生して、数も生える間隔も違う中で時間、月日や年を重ねていくことになるのです。いつまでも新入社員ではありませんし、20代でもありません。1日24時間という時間軸を誰もが刻々と経過していっています。

「仕事」とは、社会と関わり、生活の基盤となるお金を得る手段です。「衣食住↓生活↓お金↓お給料↓仕事」という中で、どれが一番先かではなく、この回転がスムーズに回っていることが生活に安心と安定感を生み、やはり仕事を通じて社会と繋がることは、若々しさの維持にも一役買っていると思います。

「メンター制度」という言葉を聞いたことがありますか。国家公務員の女性幹部職員を育成するため、経験を積んだ先輩職員が後輩職員の相談・指導を行う制度のことです。政府がこの制度を導入したのは、結婚、出産を契機に離職するなど、幹部への道を自ら断念するケースが多かったことから、将来の進路や仕事の進め方をきめ細かく指導することで仕事を続けやすい環境を作る狙いがありました。しかし、今では「メンター制度」の文字は残っていますが、女性ではなく若手全職員を対象とした指導の制度に変化を遂げています。今だからこそ、女性の女性によるメンター制度の再構築があってもいいのではないでしょうか。

２０１７年版の男女共同参画白書によると、最近10年の女性就業率が上昇したと発表されています。２０１６年に大企業などが女性の登用への取り組みを促す女性活躍推進法が施行され、雇用環境の整備が進んだからとされています。そこには、「日本の継続的発展のための女性の力を最大限発揮していくことが喫緊の課題」として、就労継続やキャリア形成支援の必要性が指摘されるとともに、女性の活躍が必要だという空気感も発生してきたように感じます。人手不足の対策でカギを握るのは、「女性」ということです。働き手の増加なくして税収の増加もないのですから。

平成という一時代の中で女性の仕事に対する向き合い方は大きく変化してきました。「女性は結婚して夫を支え、子供を育てる」という定義から、働いて自己表現することが大事というような働くことのステータスを前面に押し出し、それに乗りました。女性の就業率は上昇し、共働き世帯は増え、専業主婦世帯を上回ったと言います。女性の仕事が男性の補助だったり、事務作業中心だったりしたものから、男性と同様に営業もこなす女性も増え、悩みは「営業で仕事が取れない」というようなものに変化しました。まだまだ男性社会であるので、「私のほうが実力あるのにコネがある男性に案件がいく」といった悩みも増えてきています。コネも人脈も蓄積ですから、すぐにはできないことは仕方ないのでやるしかないのですが、営業一期生と送り出された女性には相当なプレッシャーですよね。

私自身の経験からお話しします。国税の女性の採用が始まったとはいえ、男性は1年目から外（調査）に行くのですが、女性は、まだまだ内勤の事務が多かったです。私は、入社して間もない23歳の頃、初めて外の調査に行くことになりました。そのきっかけを作ってくれたのは、「せっかくだから1年やってみて」という上司の一言でした。それから10年以上調査に携わることになるとは思いもしなかったですが。

税務調査という分野では、行った先々で大小ありますが、その事業のトップである方、社長、弁護士、医師などと話すことから始まる希有な仕事です。緊張の中、定型文しか話せなかった頃から時を重ね、本当にいい経験と勉強をさせていただいたと思っています。

女性は女性個人の名前で活躍する機会を得て、その世界を知りました。働き手としての世界を知り、やりがいを感じて働くうちに、結婚や妊娠、出産が頭をよぎる時があると思います。その時に、このままでは終われないとキャリアを積み、達成感を求め、次々とキャリアアップしていく女性が増えたように感じます。キャリアを取るか、妻や母としての自分を取るのか。選択の結果として一方を選んでしまうと、迷いと後悔がずっと付いてきます。どちらも手にできる社会環境の醸成が早く進んでほしいと願います。

ところで、「管理職」への昇進に対して、公務員の世界では前向きに受け止める女性が増えていると感じますが、一般社会においては、女性は男性に比して、前向きな受け止め方がまだまだ少ないと感じます。意識の中に「なぜ私が」とか「今ですか」といった戸惑いの感覚を持って、その場に踏みとどまっている女性が多いのではないかと思うのです。

キャリア女性に特化した会員制転職サイト「リブズキャリア」の資料によると、「将来的に経営幹部や管理職になりたい」と思っている女性が約50％もいる一方で、「どちらとも言えない」「わからない」と明確な意見をまだ持たない女性も約40％いるということがわかりました。対して、会社や上司が丁寧に対応することが、女性管理職を増やすためには必要とされていますが、丁寧に対応するだけでいいのでしょうか。

大変でもやりがいのある仕事をしたいと願う女性は多いです。会社側としては、昇進や昇格に必要な知識や技能取得といったキャリアを伸ばす機会と引き上げる力、昇進後のイメージとタイミングを描ける上司の育成ができているかがポイントであると思います。

まだまだ、役職・管理職においては男性のみで構成されている組織の多さには、驚くとともにこれが現実です。男性役職者の中に女性が1人放り込まれた状況は、これから増やすと言われても、その先駆者においては、頭での理解はあっても動くことはパワーが必要であり、なかなか厳しいものがあります。そこでのバックアップの有無が問われるのではないでしょうか。

昇進後に引き上げ、コミュニケーションを取っていくべき上司側が、まったくその能力を欠き、過去の者と同じ指導しかできなかった場合に、パワハラといった問題が生じてくる時があります。税務の組織の中では、そういった仕事面（パワハラやセクハラといった問題）の相談をする者が配置されていますが、しょせん内部の者であることから、相談内容は守秘義務が課されていても、数年後に自分の上司になっている場合もあり、相談員も相談者も微妙な立ち位置になってしまいます。相談員には、外部の者に傾聴してもらうことが望ましいですし、話すほうも話やすいと考えますが、まだまだ内部での運営から抜け出せていない組織が多いと思います。

２０１７年版の男女共同参画白書の中で、女性の就業率が上昇し、２０１６年は過去最高の66・０％だったとされていました。この４年間で１４７万人もの女性就業者が増えたことになっています。これは、働くことに意義を見いだして、働く人も、金銭面やほかのわけありで働かなければいけない人も総じて、就業という形では増加したということになります。しかし、女性管理職の割合は13・０％で、イギリスの36％、ドイツの29・３％など諸外国に大きく離されている低水準です。都道府県別の女性就業率の１位が、福井県の74・８％で以下富山県、島根県という首都圏から離れた県というのも興味深いものがあります。

２０１７年の世界経済フォーラムでの世界各国の性による格差の度合いを指標化した「ジェンダー・ギャップ指数」が発表されていますが、日本は世界１４４か国中１１４位でした。これは、この５年前に発表された１３５か国中１０１位という数値より後退していて、男女間格差の改善がほとんど進んでいないということになります。

途上国への支援をしている日本ですが、この順位は途上国以下の評価であり、女性が責任を伴った影響力のある仕事についている割合や国政への参加率が低いと世界に知らしめられたものになります。これだけを見ると、ずいぶんと発展していない国という印象を持ちました。「女性活躍」を政府の最重要課題としており、成長戦略を通じてポジティブ・アクション（積極的改善措置）などの取り組みをしている中での数値であることが残念でなりません。

東京オリンピック開催年である２０２０年までに少なくとも30％程度となるように、引き続きさらなる努力を行う必要があります。そのために、女性の参画が遅れている分野においては、まず将来指導者的地位に成長していく女性の人材プールを厚くするための、継続就業やワーク・ライフ・バランスなどの環境を整備し、研修・育成といった幅広い支援など取り組みを大胆に進めるとしています。

目標数値があるのならば、トップダウンとして政治への女性参画拡大をしてほしいです。衆参議院の候補者に占める女性の割合が16から24％である現状を30％へと言っていますが、当選しなくては意味がありません。なぜならば、政治的意見の決定過程において男女が積極的に参画して、ともに責任を担い、多様な意見を政治や社会の政策・方針決定に反映させるためでもあるからです。そして、新たな制度や法律の改定等において、女性の関心事項を含め、男女共同参画への優先課題に反映させるためでもあります。

平成27年の数値では、都道府県職員の課長相当職以上、市町村職員の次長職相当以上、地方警察官や消防吏員、民間企業の部長相当職以上、国家公務員の本省課長相当職に占める女性の割合は1桁です。これを2桁に乗せるよう進めていきたいという目標が掲げられています。

女性の参画拡大は、ぜひ「見える化」していただくことで、次世代が育っていくことになります。ただし、「見える化」が広告塔といった意味合いでのものから進んで、もっと多種な課題へ反映させるための参画拡大となってほしいです。

女性経営幹部・管理職の存在が社会や企業に十分浸透していない現状ですが、女性側が思う活躍推進のカギは、①福利厚生の充実、②男女平等な社風、③男性の育児参加なので、会社様よろしくお願いします。

これからの働き方については、多様性と選択肢がありますが、女性自身の意識改革と女性を育てようという職場の意識改革の双方がないと育っていきません。そんな中で平成元年、国内初のセクハラによる民事裁判が起こされました。セクハラとは、相手方への「性的嫌がらせ」のことです。それは、職場における性差別的な要素を含む一切の言動を意味しており、その嫌がらせ行為が、された側にどのように影響するかによって対価型（職務上の地位を利用して性的な要求をし、拒まれた時に不利益をあたえるもの）と、環境型（性的嫌がらせを受けた人が不快に感じ、職場環境が悪化するもの）に分かれます。

しかし、嫌がらせの定義が曖昧で本人が嫌がっていなければ嫌がらせにならないので、セクハラかどうかは相手しだいということになります。また、セクハラは、男性から女性に対しての嫌がらせ行為と思いがちですが、女性から男性、同性同士でも成立します。女性管理職が増え、男性の部下を持つようになった昨今、女性自身も気をつけないといけませんね。ただし、セクハラ問題については、相手があることなので、誰もがこの行為はセクハラか否かと気を使いすぎて、職場で平穏に過ごせないといった、コミュニケーションが取れていないことから起きることが多いと思います。「上司からの行為は全部セクハラ」とは極端ですが、行き過ぎたセクハラの訴えも発生しているように思います。とはいえ、セクハラの例として、性的な発言、性的な行動、性的な表現を含む発言、しつこく食事やデートに誘う、性的な風評を流す、直接のボディタッチ、「〇〇ちゃん」と呼ぶ上司など、当人同士は良くても職場環境として適正さを欠くので、気をつけなければいけない行為は控えるしか身を守ることはできないのです。

平成になり、「パワハラ」「セクハラ」「マタハラ」といったハラスメントが新語として登場し、言葉のパワーを持って瞬く間に浸透し、口に上り認知されてきました。男性上司や役員に限るわけではないですが、このような者を対象とした研修をしっかり行い、ハラスメントを認知させ、ハラスメントは「起こした側がハラスメントではないと理解した行為」ではなく、「受け手のとらえた行為である」という意識の定着と改革がなければ今後の広がりはないと思います。

昨今、種々業界での不祥事等も含め過去には表面化しなかったような事象も、顕著化して表に出てしまったようなハラスメントの問題が多くなっています。ハラスメントは対策として行われるあとの研修で、ハラスメント例の映像が放映されるも、受け手はなんだかのっぺりとした顔で見ているといった雰囲気でしか伝わりません。これでは、変わる気があるのか、わかっているのかといった駄目な感覚が払拭されない体質を露呈させていることになります。

ところで、「髪切ったの？」と言うと、セクハラになるのかという問題もありますが、人の変化が見えていますか。例えば、私は税務という職を辞めると決めたタイミングで、ピアスの穴をあけました。耳に今までとは違う感覚を得たわけですが、周囲の人はほとんど気付かずでした。「ピアスあけたの？」と言ってほしいわけではありませんが、女性のこういうささいな変化を察知できないというのは、やはり人を観察できていない＝変化を見逃しているといったことになります。

平成もあとわずかとなった今、人と人との関係性において注意しなければいけないことを注意することができなくなり、アクションを起こすと「パワハラ告発」「コンプライアンス」と叫ばれ渡りにくい社会、確かにこの言い方や行為はと頷くこと多々あれど、はたして「コンプライアンス」の中身がきちんと理解されているのでしょうか、カタカナ文字がクローズアップされるとともに何もできなくなった組織の人と人、中身がぼやけたままカタカナ文字が走り回っているような気持ちになっています。

3 子供と仕事

結婚しても仕事を続けたいとする女性が90％を超えている現在、子供が生まれてからも仕事を続けたいという女性は確実に増えています。

２０１７年の出生率は、１・43となりました。94万人余りも生まれているのに、前年より０・01ポイント下がって３万人減少した数字です。おそるべし０・01ポイント！

雇用環境は上向きになってきているように見えますが、賃金が上向きになってこその結婚・出産の流れになります。年収３００万円では、健康保険や年金、住宅関係支出が年間最低１５０万円と試算すると、残りは１５０万円となり半分です。これでは、妻子を養えないという結果から共働きとなるのです。年収と既婚率も比例の関係にあり、３００万円以下だと10％、３００万円以上だと25％を超えるという記事（読売新聞２０１７年５月）がありました。「いずれ結婚するつもり」と答えた男女85％超の思考には、結婚しにくい収入環境がバックにあるのです。

この出生率は、第1子、第2子関係なく生まれた子というカウントですが、第2子を産むにも壁があります。2017年の第1子を産んだ女性の平均年齢は30・7歳と過去最高で、30年前から4歳の上昇です。つまり、1人目を産んでからの2人目となるわけで、1人目の年齢が上昇するほど2人目以降が生まれにくくなっているとも言えるのです。

先月、あるショップの女性から「今月20日で辞めて、妊活するんです」との話をされました。辞めるという選択と妊活という選択がセットであることに、現状の問題とともにさみしくなりました。まだまだこんな世の中ですから、収入を得るための長時間労働や、それによる育児への取り組みがままならないような社会環境に、明るい未来は見いだせません。人口減で経済の縮小化が想定されている明るくない未来に対して、希望する人が「結婚・出産・育児」に向き合える明るい未来を構築する一歩を踏み出すための環境を国がリードし、こっちが先、こっちがあととか言わずに、早く両輪を回していくべきです。

「子育てしやすい環境の整備」と「女性も社会の重要な戦力」と位置付けられた現代社会の中、「仕事心・2」の冒頭でも書きましたが、仕事と子育ての両立が今、求められています。もちろん、両立していきたいと思っている女性も増加中と思います。「両立」と2文字のことですが、心も体（体力）も順応力が求められ、変化していかないと両立はできません。なにせ1日は24時間と変化しないのですから、この中に何をどれだけ入れていくかがポイントとなってくるでしょう。

子育てにかかる時間配分は、大きな割合を占めてきます。1日の中で一人になれる時間は必要不可欠です。四六時中誰かと一緒ということになると、譬えそれが可愛い我が子でもフラストレーションが気付かないうちに貯蓄され、利息がついて爆発することもあると思います。

私は「育児休暇（男性も女性も）賛成」ですが、一人になれる時間は、仕事中に作っていました。仕事中の昼休みや、調査に伴う出張時の電車の中や、通勤電車の中など一人になる時間は絶対必要です。特に仕事は、言い方は悪いですが、子供という一人の人間と向き合っている休むことのない濃い時間の中で、一息ついて一人の仕事人として考え行動すべき時間として、とても大切な時間でした。これがなかったら私のような人間は、きっと育児ノイローゼになっていたのでは、と今でも振り返って思うほど、この時間は必要でした。

育児書を読むと「正解」が書いてあり、その正解への方程式も丁寧に示してあるのですが、なかなか正解にたどり着けない時が多々あります。一人ひとりの正解があるということは理解していても、書いてあることが実践できないとストレスになります。「薬を飲む」「熱が下がる」「離乳食はこんな進み方で」等々。

私は、育児休暇を取得すると私自身が危ないと察知したのか、夫が「育休を取ることが正解ではない」と当時示してくれたからこそ、0歳の子供と過ごす昼の時間は、育休取得者と比べて短かったですが、その分ストレスが軽減されて育児と向き合うことができました。0歳の息子や娘を受け入れることができ、私に育児書にない育児のノウハウと手抜き加減を教えてくださった無認可保育園の先輩保育士の皆様と夫には感謝しています。私のようなタイプの女性もいるということを知ってほしいということです。

社会問題となっている待機児童問題があります。公務員として、私が管理職的な立場になった時に、部下に育児休業取得者がいました。本人は、2人目ということもあり、出産後の翌年4月に保育園入園で復職という図を考えていたようですが、地域の保育園5か所の入園申し込みから落選し、育児休業を1年延長しました。翌年は、とにかく申込書に記載できる園数を最大限書き、何とか入園にこぎ着けたそうですが、上の子と下の子の保育園は別々、記載した保育園は通園が不便ですが、辞退するといつ入園できるか不安でもあり、通園の負担増は言わずもがなといった状況下での復職でした。戦力増の職場側は、よかったという思いであると思いますが、日々の生活は親子の健康にかかっているのです。

「保育園落ちた〜」のワードがユーキャンの流行語になったのは記憶に新しいと思います。保護者として、保育園に預けたい親は増加の一方で、慢性的な保育園不足と待機児童問題は悩ましいものです。保育園の数といった面では、新設すればいいのですが、新設しても保育士がいないのでは改善策になりません。保育園の新設と、そこに保育士を置くことの難しさがあります。

東京都の保育士求人倍率は5倍を超え慢性的に不足しています。保育園は通常、在住している市区町村に申し込むもので、保育園に余裕があるような市区町村に越境で入園申し込みをするためのハードルもあるように聞きます。幼稚園教諭と保育士、小学校教諭の免許を持ちながらも、労働環境や自身の生活環境、賃金環境等々から復職できないでいる保育園に勤務可能な者はどれほどいるか、時短勤務の組み合わせで乗り越えられる所はないかと素人的に考えてしまいます。従来型の100％保育園形式にこだわらず、新たな形での保育園を柔軟に考えていくことが、今この時代に必要なのではないでしょうか。

もっとも、偉い人というか著名人＋政治家といった構成の審議会の開催は行われていますが、本当の意味での現場の人がいない検討委員会ではなく、現実の声を検討委員会等の議論の場に載せてほしいものです。

また、企業内保育所の増設については、保育所が増えるといった観点からは、いいことで賛成です。財務省内に保育所を開設するというニュースを聞きました。開設はいいことですが、個人的には、都市部の勤務先まで激しい混雑の通勤電車に子供と一緒に乗ることを考えたら尻込みしてしまいます。ベビーカーではなかなか厳しい満員電車、抱っこして荷物を持っての通勤は、相当な負担を強いることになります。

私の住んでいる所沢では、現在駅ビルがリニューアル中です（2018年10月現在)。こういったアクセスの良好な場所のリニューアルに乗って、駅ビルの最上階部分やどこか一角に保育園を新設できないものでしょうか。園庭は屋上に作り、通勤時に預けられ、朝の時間は従業員エレベーターを稼働させるとか、何とかクリアすべき部分をクリアにする方法を考え、柔軟に対応することも必要なのではないでしょうか。行政機関の皆様の柔軟な発想による設備の拡大や増加があることを願います。

設備も保育料も何もかもが１００％ＯＫと言えるものが需要と供給です。市区町村と親と子供と、どこかで妥協点を見いだす努力をしていく必要があると思います。もちろんサマータイム導入に際しては、保育園開所時間等も考えていることと信じたいです。

お互いに話し合うことは、時に時間の無駄遣いに感じたり、いつまでたっても平行線と感じたりすることもあるでしょう。しかし、このスタートラインにすら立たなければ、ゼロのままで変わることはないのです。それぞれの立ち位置で意見を出し合うことは大切です。私が先輩に言われた言葉で「紙に書いてあることに対する反対意見を言うのはいい。ただし、反対意見には、ただ反対というのではなく、なぜ反対か、改善策はあるかということを表明しなさい」と言われたことがあります。確かにそのとおりです。「ここはこう改善できないか」といった、前進するためのディスカッションが大切です。

保育士はなぜ増えないのでしょう。大学の保育科等で学んでいる人がいて、ここから毎年のように卒業生が出ているはずです。保育所が新設されても保育士がいないのでは話になりませんが、有効求人倍率は、平成29年1月では2・76倍（東京都5・66倍）で慢性的な人手不足状況であることが見て取れます。また、保育士の離職率10％というのもひどい数字です。

通常の勤務形態は8時間労働です。しかし、保育園は、通勤のために電車に乗る前に子供を預ける人が多いことから朝が早く、会社終わりに子供をお迎えに行くので遅い時間まで働くこととなります。私も朝7時半から、夕方6時半までの11時間営業の保育園を利用していたので、朝は若い保育士さんの場合が多く、夕方はベテランの子育てが一段落したと思われる保育士さんが多かったように思いますし、この保育士さんのローテーションに感謝していた一人でもあります。

保育士の過重労働の是正は保育士自身の負担軽減となり、安全な保育に繋がります。そして、保護者の超過勤務の解消や男性の育児休暇取得で、保育時間、期間が一人ひとり少しずつ減れば、積み重なって大きな時間の減少に繋ぐことができると言えます。

今、保育園論争は盛り上がっていますが、小学校入学にも、またハードルがあるのです。小学校は集団で登下校する通学班があり、その集合時間が決められています。保育園のように自宅や玄関から保育園までと自分の時間にはまらないことが多くなります。また、授業終了後はどうするのか、自宅に自力で戻すのか、親が共働きしている子供は学童保育所に行くのかなどの問題も生じます。そのような子は、夏休みは給食がないのでお弁当になりますし、出勤時間と通学班の時間、下校時間と会社から子供を迎えに行くまでの時間のズレをどうするかというハードルが待っていて、結局は一つ一つハードルを越えていくしかないということです。

女性は戦力です。働いてほしいし、また働きたいと思っている女性もいます。男女共同参画白書でも「日本の継続的発展のために、女性の力を最大限に発揮していくことが喫緊の課題」としているのですから、女性の役割を認識し女性の活躍の機会を拡大していくことが、将来の経済社会のためになるのです。社会自体が変わるための努力と併せて、女性自身が変わるためのアクションを起こすことで、いっそう女性の参画拡大を進めることになります。

仕事も子育てもと日々バタバタしていると「両立って大変だよね」「すごいね」と言われることが多くなります。確かに大変でした。子供が保育園に通園していた頃は、朝から子供の機嫌と元気な状態を維持しつつ、家を出る時間までに朝食、着替え、保育園の荷物と自身の着替えやお化粧もしなければなりませんでした。月曜日となると通常の荷物プラスお昼寝用シーツや上履きなどの大きな持ち物もあります。週末は置いてきた荷物とお洗濯した物の持ち込みとそのセットもあります。時間配分を間違えると大変ですが、行動あるのみの状況となります。

それでも、保育園はまだよかったです。登園からお帰りの時間まで1か所で預かってくれるからです。これが小学生になると、環境的には保育園よりシビアになります。両親と同居していない世帯にとっては、朝の通学は通学班の集合時間に統一されると、ほとんどが保育園への出発時間より遅くなります。親が通学時間に合わせるのか、子供に鍵を持たせるのかと悩ましい問題がまずは一つ。そして、学校の授業が終わるのは早いので、放課後どうするか。児童保育施設を使うのか、自力で鍵を開けて家に帰ってお留守番かとの問題が一つ。朝夕の通学下校にも、今は入学から1か月程度は保護者が交代で付き添っている現状を目にします。学校で過ごす前後の時間をどうフォローするかに加えて、家族の体制問題が増加中と感じた時期でした。

ところで、「イクメン」はいつから言われはじめたのでしょうか。抱っこ紐で子供を前抱っこして歩くパパの姿が増加し、珍しくなくなりました。率先して育児に関わる男性も増えていると感じます。

自慢ではありませんが、私の夫は、抱っこ紐で子供を前抱っこするのは恥ずかしいと言っていた世代です。ゴミを出す曜日も覚えていません。しかし、私にとってはできた人ですし、このままで良いと思っています。それぞれ、その家庭でのあり方や感じ方はあると思いますが、すべての男性に抱っこ紐で前抱っこしろ、というのではないことは理解してほしいです。

我が家の子供達とのお風呂は、夫がメインでした。料理はパスだけれどお風呂はOKといった分担でした。まったく家事、育児に手を出さないとか、すべてを2分の1といったような計画的にこうしなければいけないといったものではなく、それぞれやれること、得意なことで形作っていくのが育児の形だと思います。

「イクメン」とは、単純に育児中の男性ではなく「育児休暇制度を取得」「積極的に子育てに関わっている」、そして自らも成長する男性に対する言葉であってほしいと思います。男性の育児休暇制度取得率は、２０１７年が10％でした。２０２０年に13％へという引き上げ目標を持っているようです。たった3％と思ってしまいますが、現実的にそれほどに取得者がいないということでもあります。「支援する」会社はどんどん増加しているようですが、個人がどうするかという立場にあっては、なかなか上手くかみ合っていない現状が見えます。

私的には、自分の子供が通っている保育園なり幼稚園、小学校の担任の先生の名前さえわからない男性は、仕事のスタンスも男性主導から抜けきっていない、少し昔の社会の中にいまだにいる人だと思います。会社組織が、このような男性ばかりを上司や管理者として登用しているようでは話になりません。育児が家族を変え、会社も社会も変えるのが現代社会のあり方だと思います。

4 現在と未来の仕事心

女性が社会に求められていることは確かです。どう時間と歳を重ねていくかについての選択肢も多くなりました。

「女は結婚して子供を産んで一人前」という時代から「夫は仕事、妻は家庭と仕事」という変革期を経て、「誰もが家庭と仕事」という新しい時代への扉に手をかけつつあります。今の時代、「共働きは当然。会社としては、出産での長期休暇は、就業規則上書いているけどメリットはない。保育園に一日中預けるのは可哀想だけど、熱が出たって急に休むのはやめてほしい。男の育児休業は本音と建前どっちかはわかるよね」なんていうのは、矛盾していますが、ここから抜け切れていないのも確かです。どうにかしたい！　そのためにも先輩女性の働き手として、今の女性働き手が何を思い、表現できずにいるのかを傾聴し、フィードバックしていきたいと思う今日この頃です。

働き方が多様化し、女性の悩みも複雑化し、共働き家庭は増えましたが、女性の負担は減らないと感じている今この時。２０１8年6月29日「働き方改革関連法」が成立しました。細部を見れば、あれこれと会社側、個人側の思惑もあるからこそ言いたくなるのでしょうが、とにかく国会の審議において、一般国民が「早く、早く、決めてほしい」と思っているものは、なかなか決まらないし、審議の深まりがないように感じます。誰それ議員のあれこれについてといった質疑などには長時間費やし、テレビ番組の討議にも朝昼と各局のコメントが入ります。もっと社会保険問題など、何度も言いますが、一般国民に直結する問題こそ審議を深め、かつスピーディーにならないものでしょうか。

与党も野党も現在の立場が入れ替われば、代わったなりに同じような揚げ足を取るような審議や質問がまた繰り返されると思うのは私だけでしょうか。

働き方改革関連法は、日本の労働慣行からの脱却と言っても過言ではありません。長時間働くこと＝偉くなるといった道からの転換、日本の労働人口が減らないように、子育てや介護と仕事を両立できる働き方、これこそ女性の労働参加を促す選択肢の一つになるでしょうし、女性自身がどのように働いていくか、社会に参画していくかを、法があるからではなく、法を身近に置いて自身がどうするかを考え行動していくことを身に付けなければいけないと思います。

この法の中で女性にとって大きな柱は2つあります。1つは、「残業時間の罰則付き上限規制」です。結婚から出産、子育てへと「残業ができないから管理職などへの道が閉ざされるとか、辞職の道しかない」といったような昭和的な働き方から、踏み出す時と踏み出し方が示されました。結婚による辞職、でも働かないと生活は維持できない現代社会の中で、低賃金で不安定な非正規雇用を選ぶことは、消費の拡大は期待できず少子化にも繋がっています。

もう1つの大きな柱は、「同一労働同一賃金推進法」です。これは、雇用形態による不合理な賃金格差の禁止の明確化と、処遇差に対する企業側の説明義務のことです。正規社員と非正規社員の双方が納得できる処遇体系の構築は、なかなか難しいと思わずにはいられません。きっとこちらを立てればこちらが立たず的な様相を呈し、会社側としても対策を迫られた形となります。日本で一番高い費用が人件費なので、会社側としても何らかの対策をとっているでしょう。しかし、この法施行と対策の結果が、雇用者側に有利に働くとは言いきれません。

平成29年の総務省「労働力調査」を見ると、正規雇用者３４２３万人に対し、非正規社員は２０３６万人となっており、役員を除く雇用者全体の37・３％をパート、アルバイト、契約社員や派遣社員といった非正規社員が占め、その３分の2が女性であるといいます。理由の第1位は「自分の都合の良い時間に働きたい」というもの。第2位は「家計の補助、学費などを得たいから」という理由がありました。また、男性の非正規社員の第1位は同じ理由ですが、第2位は「正規社員の仕事がない」としており、女性と男性で差が生じています。公務員を辞め、通勤時間帯の活動から、日中の時間帯での活動する機会が増え、周囲の歩く人を見ると女性が多く、ベビーカーの子供と一緒という姿も多いです。専業主婦、育児休業中、自営業など平日が休日等々、理由はいろいろあると思いますが、こんなにいるのかと感じました。


企業経営と女性の活躍躍進（ポジティブ・アクション）、それに伴うメンター制度については、前にも少し書きましたが、もう少し踏み込んでみようと思います。

まず、ポジティブ・アクションには7つのテーマがあります。①募集・採用、②職域拡大、③登用、④継続就業、⑤環境整備・風土改善、⑥能力開発、⑦推進体制の構築の7つです。

これら7つのテーマが回るために、ここにメンター制度をプラスしたことによって、特に②③④に対して効果があるとされています。現在の会社組織内においては、社員の就業規則や組織に対する帰属意識、組織内の人間関係に変化が見られコミュニケーションによる人間関係が希薄となり、「人材育成」を行う基盤が崩れてきています。管理者は、担当業務を持ちながら部下の管理も業績管理も行うので、後輩育成の余裕は持てません。また、出産後復職する女性は多くなってきていますが、管理職となって活躍している社員は一部です。

メンター制度を導入し、女性社員の意識の啓発、視野の拡大、ネットワークの構築が見られはじめました。何度も言いますが、メンター制度とは、職務や業務の命令・指示をするのではなく、経験者（先輩）が後輩との会話を通じて、キャリア形成上の課題解決と悩みの解消に助力し、成長をサポートする役割です。内部でも外部からでも、メンター制度を取り入れ、企業の戦力となる女性拡大を図るべきだと思います。

出産をきっかけに離職した女性が復職または再就職するための支援として、学び直しも必要です。時の経過とともに仕事の仕方や使っていたパソコンのスキルアップも必要となってきます。税務の職場でも、育児休業中の法改正等の資料は送付されていきますが、育児休業中の身は幼子を抱えて奮闘中ですので、やはり復職してから法改正等に向かい合うこととなります。

毎年のように法改正があり、これが納税者に影響することなので、法改正等を理解し、仕事の手順を再確認するための時間確保と復職者の気持ちが大切になります。看護師の技術やＩＴと業務の提携関係など学ぶことは多いです。復職前の体験を生かしつつスキルアップのための具体的な学び直し講座への参加は、前に進むため必要なスキル習得手段でありますし、実践的スキル習得の必要性を感じて動いた女性は、復職成功者になっていくように思います。

力を取り戻した女性の復職は、企業にプラスになることが多いです。そして、時間無制限で働けない分、効率的に仕事を回すことに長けています。企業側は、今以上に受け入れる態勢を整え、貴重な戦力を得てほしいと思います。復職者側も求人があるからと半端な気持ちで企業に復職するのではなく、仕事には責任が生じるからこそ、常識とスキルアップした技能を両手に復職してもらいたいです。

社保庁のお粗末な事務処理については、同じ公務員であったがゆえに歯がゆさと改善する気があるのか疑わしい目で見てしまっています。管理職も含め総取り替えすべきなのではとさえ思います。過去にも他省庁から出向で受け入れ、浄化すべく動いていたと思われますが、浄化できない何かがあるのでしょうね。

キャリア、ノンキャリアにとらわれず、効率化もさることながら、変革の中についていける人材の登用、内部牽制と管理、確認による質的向上のため、外部専門家の導入による検証とＩＴを融合させた対応が急務であると感じます。

自分らしくあるために

女心と仕事心、心の選択はできていますか？　心は決まっていますか？　そして心を発信できていますか？　発信しなければ「誰かがわかってくれる」という社会ではないのです。

そして、女心と仕事心のバランスとれていますか？

バランスをとるための心の強さと健康の維持は大変なことです。女心と仕事心ともにメンタル１００％でバランスをとることはできないと思います。50パーセントずつ同じくらいというのも難しいのでは。自分の中でのバランスのとり方は女性の数だけ色々なパターンがあるのです。

メンタルヘルスの中で「相談する人がいるか？」との問いがあり、家族や友人が挙げられていますが、まったく自分を知らない人にとにかく話を聴いてほしい、最終的には職場とのバランスを維持していくきっかけになってほしいと願っている女性も多いと思います。

「自分の思いに正直に、やりたいことをやる」「自分らしく」という理想は、現実社会の中、どれだけの女性が叶っているでしょうか。我慢ゼロの世界ではないことは確かですが、自分にとって叶っている世界、納得のいく世界だったならば、離さないようずっと続くようにと願います。

私は53歳でのリ・スタートでした。「30歳までだったらやり直せる」とよく言いますが、私はこれで良かったと思っています。

自分がこうありたいと思った時、今、この瞬間に選ばなければAll or Nothingという社会では困ります。女心と会社の思いがマッチしてこそのよい関係性が構築されていくべきものです。

そのためにも、女性自身の心として「どうありたいのか」を選ぶ心が求められています。求めに応じるには、心のバランスと力が必要です。社会の中の会社といった箱の中では、万人に好かれる、普通に見られるといったことはまずないでしょう。私自身も自分に向かって言い訳をして内側をなだめていました。それが嫌でしたが、必要な時もきっとあるのでしょう。意見を言う人は昇任できずイエスマンが昇任できる社会から、意見が言える会社の環境があるといいですね。しかしながら、思いどおりにいかないことのほうが多いことも事実ですので、にっこり微笑んで従う術も身に付けましょう。

「税」から離れたくて離れた私。しかし、国税を辞めてから6か月余りの時間を経て、私は「税」から離れられず税理士になりました。しかし、ずっと意識下にあった、働く女性の意識と、会社の意識、社会（国の指針）の意識のズレが生じている感がぬぐえずにいました。

私自身の経験からしか発信できないこと、きっかけになることは小さいところからですが、これからの社会組織の中で、必要とされている女性の気持ち（ＨＥＡＲＴ）と会社の気持ち（ＨＥＡＲＴ）の方向や向き合い方が違っている昨今において、できるだけ同じ方向、同じ向き合い方になるよう、ズレの差が広がることのないよう女性と会社のバランスをとる橋渡しとしてのお手伝いができたらと願い、Ｗ・ＨＥＡＲＴマッチングコンサルタントを事業展開していきたいと決めました。

今はまだ、どちらか一方が発信して近づきたいと求めているようです。この一方は会社であったり国の指針であったりと上からの発信がほとんどです。これからは、私たち側からも発信し、双方が発信することから歩み寄ることが必要だと思います。

今だからこそ、女心も仕事心も自分自身が考えて変化を起こすことができる時代です。私もまだまだ変化していきたいと思います。

「自分がどうありたいのか」を求め、仕事心と女心のバランスをとるために。

あとがき（この本を書くことで）

私自身、色々と悩むことがあります。メンタルヘルスのチェックシートのなかでは、「相談できる人が、周りにいますか」との回答として、「家族」「友人」「職場の上司や同僚」といった選択肢があり、まあ「家族」を選ぶ確率が高いのではないでしょうか。その家族だって、同じ屋根の下の家族という近い存在から、親族・姻族と言われる広い存在までいます。ＡＬＬ ＯＫとは、なかなかいかないのではないでしょうか。どこかで、大きさは様々ですが問題を抱えていることと思います。私にも、問題や悩みがありますし、基本的には家族が相談できる第1順位ですが、第三者だからこそ相談できることや、聴いてもらいたいこと、話すことができることもあります。

悩みを口にした時、人生の先輩から「人は幸せだと思っている分と同じくらい大変だと思っていることがあるからこそ、プラス、マイナスで均衡がとれるものなのよ」と言葉をいただきました。そうなんだと、落ち着いた気持ちになりました。

私自身の経験から仕事の未来図を描くことは大切だと思います。そして、選択肢が多くなったからこそ描きやすくもあり、描きにくいものとなっています。自分自身がどうしたいかの選択と未来図の作成を一人ひとりがすることが一歩目です。

男性と女性、まったく同じようにできることもありますし、できないこともあります。しかし、今この社会だからこそ、女性の視点が加わることから、もっと良質なものがうまれ、発展していくことに繋がっていくと信じます。

変化するためにも地道な努力とアクションが求められています。アクションとして会社側に直接発信していくことに対する女性の躊躇する気持ち、女性側へ直接発信することに対するどうなるかわからないといった不安な会社の気持ちといったような様々なシチュエーションで第三者としてマッチング・コンサル使ってみませんか。

お互いが同じ方向を見ることができるために。

この本を出版することができ、ご尽力いただいた皆様と家族へ心から感謝をこめて。

著者プロフィール

大倉 佳子（おおくら よしこ）

1964 年 1 月生まれ。
新潟県出身、埼玉県在住。
1982 年　東京国税局に採用、都内税務署、国税庁に勤務。
2016 年　税理士登録（関東信越税理士会所沢支部所属）
2018 年　中小企業庁による経営革新等支援機関に認定

クマさんの女心と仕事心―W・HEART

2019年 3 月15日　初版第 1 刷発行

著　者　大倉 佳子
発行者　瓜谷 綱延
発行所　株式会社文芸社
〒160-0022　東京都新宿区新宿1－10－1
電話　03-5369-3060（代表）
03-5369-2299（販売）

印刷所　広研印刷株式会社

ISBN978-4-286-20315-7